디지털 시대와 이영도 시조 문학

이순희 지음
디지털 시대와 이영도 시조 문학

인쇄 | 2024년 12월 21일
발행 | 2024년 12월 26일

글쓴이 | 이순희
펴낸이 | 장호병
펴낸곳 | 북랜드
　　　　04556 서울 중구 퇴계로41가길 11-6, JHS빌딩 501호
　　　　41965 대구 중구 명륜로12길 64
　　　　대표전화 (02)732-4574, (053)252-9114
　　　　팩시밀리 (02)734-4574, (053)252-9334
　　　　등록일 | 1999년 11월 11일
　　　　등록번호 | 제13-615호
　　　　홈페이지 | www.bookland.co.kr
　　　　이-메일 | bookland@daum.net

책임편집 | 김인옥
기　　획 | 전은경
교　　열 | 서정랑

ⓒ 이순희, 2024, Printed in Korea

ISBN 979-11-7155-100-2 03810
ISBN 979-11-7155-101-9 05810 (E-book)

값 15,000원

'본 사업은 2024 대구문화예술진흥원 문학활동지원으로 발간되었습니다.'

디지털 시대와 이영도 시조 문학

이순희 지음

북랜드

대구문화예술진흥원 문학활동 지원으로 2024년 한 해를 보내면서 많은 분들에게 은혜를 입었다. 그분들의 도움이 없었다면 목표지점에 도달하지도 못했을 것이다. 한 분 한 분 호명하는 대신 내 마음속 따뜻한 별빛으로 띄우고 잊지 않으려 한다.

디지털 시대에 현대시조가 나아가야 할 방향은 어디일까? 잠시도 잊은 적이 없었다. 그 열정으로 탐방하고 자료를 찾고 강연하고 연구하고 그 결과를 글로 옮겼다.

구술문학인 시조가 디지털 시대인 오늘날에 나아갈 향방은 시조의 정체성을 공고히 하고 디지털 시대에 맞는 시조 작법에 접근하는 것이다. 이영도 시조 문학의 분석 결과, 시조의 정체성은 간결, 명료, 함축으로 요약할 수 있다. 일본의 하이쿠가 그러하듯 디

책｜머｜리｜에

지털 시대 글쓰기는 누구나 쉽고, 재미있게 접근할 수 있는 일상적인 글쓰기가 되어야 한다. 우리 시조도 지금은 아니지만, 본래의 모습은 서로 주고받는 놀이의 일환이었다. 디지털 시대 글쓰기의 진수(眞髓)도 독자가 창작자가 되는 쉽고 재미있는 글쓰기에 있으므로 시조가 지닌 본래의 의미를 내포하고 있다고 볼 수 있다.

　시조가 가는 길이 어디든 - 가시밭길이든 장미빛 탄탄대로이든 - 끝까지 동반자가 되려 한다.

2024년 12월

필자 이순희(필명 이솔희)

디지털 시대와 이영도 시조 문학
Contents

책머리에   4

화보

이영도 시조 문학 시화전 대구광역시립서부도서관   8

문학 강연   11
    성서노인종합복지관
    대구교육대학교 평생교육원
    대구광역시립서부도서관

이영도 시인의 자취를 찾아   22
    들풀시조문학관
    이호우·이영도 생가
    오누이 시비 공원

디지털 시대와 이영도 시조 문학

- Ⅰ. 서론 ································ 31
- Ⅱ. 디지털 시대와 문학 ················ 39
- Ⅲ. 이영도 시조의 형식과 표현기법 ··· 56
- Ⅳ. 디지털 시대와 시조 문학 ·········· 138
- Ⅴ. 결론 ································ 155

이영도 연보 ··························· 169

이영도 시조 문학 시화전
– 인생의 길목에서 이영도 시인을 만나다

전시 기간 : 2024. 11. 01.(금) ~ 11. 29.(금)
장　　소 : 서부도서관 지하 로비(향토문학전시과 입구)

대구 서부도서관 홈페이지 게시

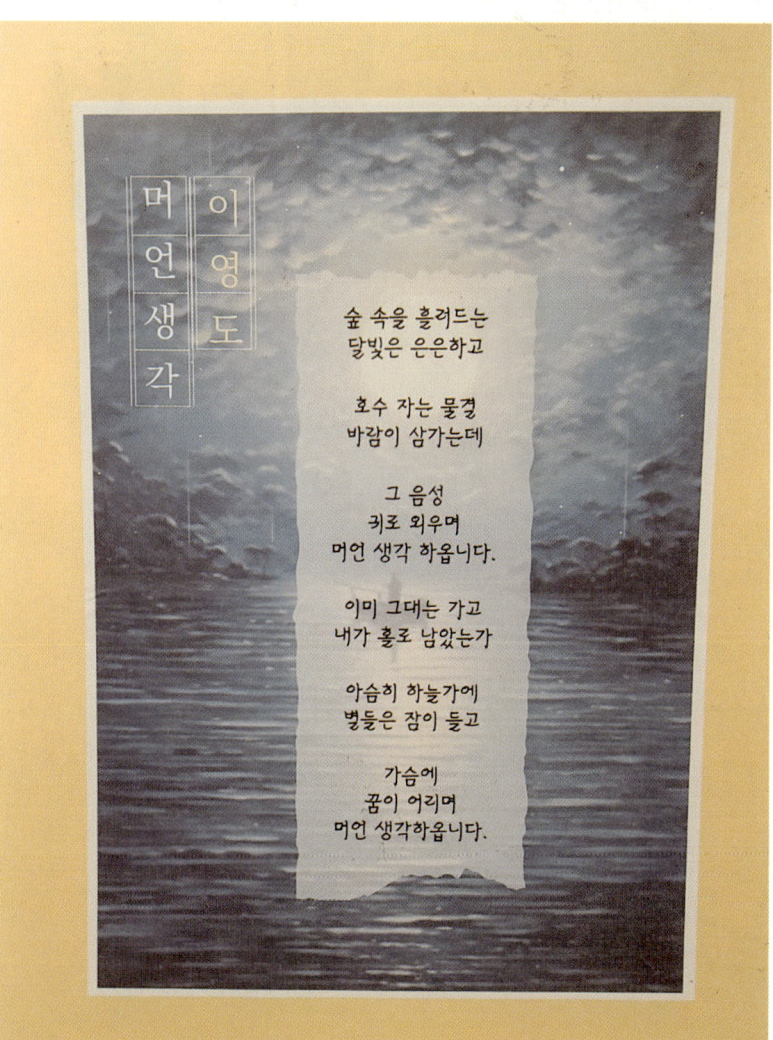

머언 생각

이영도

숲 속을 흘러드는
달빛은 은은하고

호수 자는 물결
바람이 삼가는데

그 음성
귀로 외우며
머언 생각 하옵니다.

이미 그대는 가고
내가 홀로 남았는가

아슴히 하늘가에
별들은 잠이 들고

가슴에
꿈이 어리며
머언 생각하옵니다.

이순희(필명: 이솔희) 문학 강연
디지털 시대와 이영도 시조 문학

강의 일정

날짜 / 장소	대상	강연 장소
2024. 11. 05	성서노인종합복지관 학생들	성서노인종합복지관 평생학습실(제1호실)
2024. 11. 14	대구교육대학교 평생교육원 학생들	대구교육대학교 평생교육원 2층 202호
2024. 11. 19	대구문인협회 문인들 대구시조시인협회 문인들 대구광역시 대구 시민들	서부도서관 전시실(지하)

- 성서노인종합복지관 문학 세미나

- 대구교육대학교 평생교육원

- 서부도서관, 문학 강연 및 토론

- **일시** : 2024. 11. 19.(화) 10시~11시 40분
- **장소** : 서부도서관 전시실
- **후원** : 대구문화예술진흥원

시간	식 순		출연자
10:00~ 10:10	여는 마당	**개회** 이재숙 관장님 인사 말씀 **축사** 안윤하 대구문협 회장님	
		색소폰 연주 「울고 넘는 박달재」	손정동
10:10~ 11:35	디지털 시대와 이영도 시조 문학 강연 및 낭송	1. 서론 : 시조 형식 쟁점 2. 디지털 시대와 문학 3. 이영도 시조 문학 　　　「형식과 표현 기법」 　• 장나원 낭송 「제야」 　• 김인순 낭송 「보릿고개」 　• 최복한 낭송 「단란」 　• 장태경 낭송 「탑 3」 　• 박현주 낭송 「진달래」 4. 디지털 시대와 이영도 시조 문학 5. 결론 : 디지털 시대에 맞는 　　　시조의 향방 제시	강연 및 사회: **이순희** (필명: 이솔희)
		색소폰 연주 「San Francisco」	손정동
11:35~ 11:40	폐회 및 기념촬영	폐회	

색소폰 연주 : 손정동「San Francisco」

개회 : 이재숙 관장님(서부도서관) 인사 말씀

축사 : 안윤하 대구문인협회 회장님

강연

토론

- 이영도 시조 낭송

장나원 낭송 「제야」

김인순 낭송 「보릿고개」

최복한 낭송 「단란」

장태경 낭송 「탑 3」

박현주 낭송 「진달래」

이영도 시인의 자취를 찾아
- 2024년, 청도 가을 문학 기행

- 들풀시조문학관
- 이호우·이영도 생가
- 오누이 시비 공원

- 들풀시조문학관

- 들풀시조문학관

- 이호우 · 이영도 생가

− 이호우 · 이영도 생가

- 이호우·이영도 생가

- 오누이 시비 공원

- 오누이 시비 공원

디지털 시대와
이영도 시조 문학

목차

1. 서론
2. 디지털 시대와 문학
3. 이영도 시조의 형식과 표현기법
4. 디지털 시대와 시조 문학
5. 결론

디지털 시대와 이영도 시조 문학

이 순 희

Ⅰ. 서론

　세계 각 나라 정형시로 중국에는 한시, 유럽에는 소네트, 일본에는 하이쿠, 우리나라에는 시조가 있다. 한시나 소네트, 하이쿠는 명확한 형식이 있는데 시조의 형식은 애매모호하다. 그 애매모호함을 시조의 융통성이라 하여 긍정적으로 받아들이기도 하지만, 시조의 정체성을 흐려놓는 원인이 된다. 누군가 시조 형식에 관해 묻는다면 대체로 다음과 같이 말한다. 3/4/3/4, 3/4/3/4, 3/5/4/3의 글자 수를 유지하되, 한두 글자 늘어나는 것은 괜찮으며, 종장 첫 음보는 3음절, 그다음 음보는 무조건 5음절 이상으로 써야 한다고 답한다. 이처럼 두루뭉술하게 시조의 리듬을 정의하면, 시조와 시조가 아닌 것의 '경계'가 모호해진다.[1]

대체로 시조를 창작하는 사람들은 '한, 두 자 가감'을 지키지 않는다. 음수가 아닌 '의미 음보'[2]라 하여 수식어와 피수식어를 한 음보로 볼 경우, 한 음보의 글자 수는 9자까지 늘어날 수도 있다. 이렇게 될 경우, 45자를 훨씬 넘기게 된다. 심지어 이중으로 수식하기도 하는데 이 경우 글자 수는 더욱 늘어난다. 결국, 시조의 형식 정의에서 45자는 무색해진다.

흔히 시조의 형식은 '3장 6구 12음보 45자'라고 정의한다.[3] 두 개의 음보가 모여서 하나의 구가 되고 두 개의 구가 모여서 하나의 장이 되고 초장, 중장, 종장, 세 개의 장이 모여 단시조 한 편이 된다. 시조의 의미 단위를 따져본다면 하나의 구(句)는 작은 의미 단락의 완결이며 장(章)은 구의 의미 단락이 좀 더 확장된 의미 단락이라고 할 수 있다. 이렇게 볼 때 전구(前句)와 후구(後句)의 경계 부분인 장의 둘째 음보와 셋째 음보는 수식어와 피수식어의 관계가 이루어질 수 없는데[4] 시조를 창작하는

---

1) 김남규, 「3행시 혹은 현대시조, 차이와 반복」, 『2024 대구시조시인협회 학술 세미나』, 2024. 43쪽 참조.
2) 정병욱, 「한국고전시가론」, 신구문화사, 1985, 178쪽.
3) 이광수, 「시조의 자연율 4」, 《동아일보》, 1928. 11. 5.

시조시인들은 흔히 이 부분을 망각하여 지키지 않는다.[5] 그렇게 되면 시조에서 구의 의미는 무용지물(無用之物)이 되는 것이다. 구도 그렇지만 장을 지키지 않는 경우도 많다. 산문에서는 문장이 모여서 문단이 되고 문단이 모여서 한 편의 글이 되듯이 시조에서도 음보(音步)에서 구(句), 구에서 장(章), 장에서 편(篇)으로 이어지는 일련의 규칙을 지켜야 시조의 정형성을 유지할 수 있다. 그러나 음보와 구, 구과 장, 장과 연의 단위 규정이 무분별하여 정형시인지, 자유시인지 그 구분이 어렵다.

한시, 소네트, 하이쿠는 형식이 명료한데 시조는 왜 그렇지 못할까? 다른 나라의 정형시는 형식 변화를 추구하지 않으나

---

4) 이 부분은 'Ⅲ. 이영도 시조의 형식과 표현기법' 가운데 '1. 형식'에서 좀 더 자세히 논의해 보도록 하겠다.
5) 초장, 중장, 종장에 맞게 나열하면 다음과 같다.
   초장 : 밤마다// 부서진 웃음으로// 너에게
                  전구   후구
   중장 : 하늘은// 네 얼굴 새겨놓고// 기다렸나
   종장 : 언제나 바라만 봐도// 흐뭇한 네 미소
                          - 김남규, 앞의 발표, 33쪽 재인용
'부서진'과 '웃음으로'는 수식어와 피수식어의 관계인데 '부서진'은 전구에 해당하며, '웃음으로'는 후구에 해당한다. 이러한 배치를 시조라 하기 어렵다.

우리나라 시조는 형식 변화를 추구하기 때문이라 분석된다. 시조단에 입문하여 처음 시조를 쓸 때는 3장 6구 12음보 45자를 어느 정도 지키다가 조금 지나게 되면 멋을 부리려고 애를 쓴다. 그 멋이란 것이 형식을 파괴하는 것이다. 음보와 구는 물론이고 장도 제대로 지키지 않는 경우가 많다. 연시조인데 장이나 연 구분을 하지 않고 쭉 이어서 쓰는 경우가 그 예라고 할 수 있다. 이러한 작품들이 신춘문예에 당선되고 문학상 수상자가 되는 것을 보고 많은 시조시인들이 그대로 따라서 하게 된다.

  시조의 정형을 지키지 않는 사람들은 고시조도 장을 구분하지 않으며, 3장 6구 12음보 45자에 완벽하게 맞춰 쓰지 않았다고 반론을 제기한다.[6] 그러나 고시조의 경우 가락에 얹어 불렀기 때문에 시각(視覺)적인 효과가 그리 중요하지 않았다.[7] 시조창가집에도 초장, 중장, 종장 표시가 있으며 가곡창가집에도 1

---

6) 서원섭, 「평시조의 형식연구」, 「어문학」 36, 한국어문학회, 1977, 44~46쪽.
   실제 고시조 2,759수를 분석했을 때 초장이 그 기준에 일치하는 작품은 47%(1,298수), 중장은 40.6%(1,121수), 종장은 21.1%(789수)에 불과했다.
7) 시조창가집에도 초장, 중장, 종장 표시가 있으며 가곡창가집에도 1장, 2장, 3장, 4장, 5장 표시가 되어 있다.

장, 2장, 3장, 4장, 5장 표시가 되어 있다.

  그러나 가락이 분리된 현대시조의 경우 시각(視覺)적으로 구분되는 시조의 형태가 매우 중요하다. 장과 연의 구분 없이 쭉 이어 쓸 경우, 시조의 정체성은 사라지게 된다. 마치 산문을 쓸 때 문단 구분 없이 쭉 이어 쓰는 것과 같다. 심지어 시조의 구, 장, 연의 구분을 없애고 강조하고 싶은 부분을 기준으로 행과 연을 구분하고 있어 더욱 자유시와 유사한 형태가 된다. 이러한 까닭에 문학상 심사에서 시조 작품인데 시조시인이 아닌 자유시를 쓰는 시인이 심사하는 경우가 허다하다. 시조와 자유시의 구분이 없다는 것이다. 이럴 경우, 형식은 배제되고 표현기법에 치중하게 된다. 이러한 실정이니[8] 이제 '시조'와 '시' 구분할 것 없이 그냥 '시'라고 하자는 부류가 등장하게 되었다. 이 말의 의미는 시조의 존재가치가 없다는 것이다.[9]

---

[8] 유성호, 「이영도 시조의 현재성」, 『한국언어문화』0, 한국언어문화학회, 2019, 165쪽.
  근대시조는 율격 측면에서는 여전히 정형 양식에 귀속됨으로써 선험적인 형식적 제약을 상당 수준 감내해야 했고, 다른 한편으로는 서정 양식이라는 일반적 층위에서 자유시와 다를 바 없는 발상과 이미지를 견지해야 함으로써 자신만의 고유한 특징을 잃어버리게 된 것이다.

형식을 파괴하는 시조시인들은 흔히 "더 열려야 한다."라는 말을 한다. 더 열려야 할 대상은 시조의 형식이 될 것이다. 시조의 형식이 더 많이 파괴되고 의미가 애매모호할수록 더 우수한 시조라고 믿고 있다. 그러나 의미의 확장과 모호성10)은 별개이다. 의미가 확장되다 보면 독자들의 처지에서는 다소 모호하게 느낄 수는 있다. 그러나 처음부터 의도적으로 모호성을 추구할

---

9) 임종찬, 「의미연결에서 본 丁芸 이영도 時調 연구」, 『時調學論叢』28, 한국시조학회, 2008, 160쪽.
시조가 정형시인 이상 정형시만의 고유영역을 가져야 할 것이고 이것은 자유시가 행사할 수 없는 영역 확보로 인정되어야 한다. 그래야만 시조의 존재가치가 있는 것인데, 오늘날 시조 전문지에 발표되는 작품들은 과연 자유시와 변별되는 시조만의 고유영역을 행사하고 있는가 하는 점에 대해서는 많은 평자들조차도 회의적으로 생각하는 경향이 있다.

10) 임종찬, 앞의 논문, 161쪽.
시가 모호성(ambiguity)을 가져야 한다는 주장은 일찍이 Empson이 7가지 경우를 들어 설명한 적이 있다. 이때의 모호성이 뜻의 겹침으로 인해 비롯되는 의미의 다의성의 효과를 말한 것이라면 동양에서는 일찍부터 시는 언어의 함축에서 생명을 얻는다고 하여 함축미를 강조하였다. 함축이란 시인의 사상 감정을 직접 분명히 드러내는 대신 배후에 감추어 둠으로써 그 효과를 증대시키는 수법을 말하는데 그 특징으로 '함축미', '완곡한 표현', '난잡하지 않는 것', '말 가운데 뜻을 기탁하는 방법'이 있다.

경우, 독자의 이해를 의도적으로 해치는 결과를 가져오게 된다. 이해가 뒷받침되지 않을 경우, 감동도 기대하기 어렵다.

시조 창작에 처음 관심을 보이는 초보자들은 흔히 시조의 자수를 지켜야 하느냐고 묻는다. 지켜야 한다고 말하면 "지키지 않은 시조가 대부분이던데."라며 의아해한다. 이어서 "자수 지키는 것이 너무 어렵다."라는 말을 한다. 이런 초보자들에게 시조의 음보, 구, 장을 설명하고 종장 첫 음보 3자는 꼭 지켜야 하며 둘째 음보는 5자 이상이어야 한다는 등의 시조 창작 기법을 설명한다면 시조 창작하기를 포기할 수도 있을 것이다. 그럴 바에야 자유롭게 쓸 수 있는 자유시 형식을 택할 것이다.[11]

디지털 시대인 오늘날의 독자들은 문자보다는 이미지, 영상, 사운드(sound)에 더 익숙하여 문자를 최소화하고 있다. 문자가 하던 역할을 영상이나 사운드, 이미지 등이 하고 있다. 따라서 시조도 디지털 시대에 맞게 변모해야 한다. 그렇다면 어디에 기준을 두고 변모해 가야 할까? 그 향방을 이영도 시조 문학을 통해 모색해 보도록 하겠다. 이영도 시인은 경북 청도군에서 출

---

11) 여기서 시조는 민족시니, 나라를 사랑하는 마음으로 써야 한다는 것은 설득력이 약하다.

생[12]하여 20대 초반에 대구로 시집 왔으며 대구 문예지《죽순》[13]을 통해 등단한 대구를 대표하는 향토 시조시인이다.

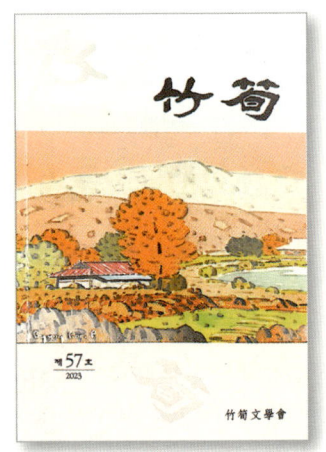

먼저 디지털 시대의 문학 양상을 살펴보겠다. 이어서 이영도 시인의 초기, 중기, 후기 시조의 변모 양상을 통해 이영도 시조의 정체성을 살펴본 후 3장 6구 12음보의 시조 정체성을 이영도 시인은 어떤 방법으로 고수했는지 형식과 표현기법으로 나누어 분석해 보겠다. 마지막으로 디지털 시대에 맞는 시조의 향방을 진단해 보겠다. 더불어 독자들이 쉽게 시조 창작을 할 수 있는 방법도 함께 모색해 보기로 하겠다.

---

12) 본고는 2024년 대구문화예술진흥원 지원금으로 이루어진 연구 결과물이다. 연구하는 과정에 문우들과 이영도 시인의 발자취를 따라 문학 기행을 하고 본고를 바탕으로 대구 시민과 문인들을 대상으로 강연하였다. (사진 참조)

13) 《죽순》은 1946년 5월, 이윤수에 의해 창간되어 지금까지 명맥을 이어오고 있는 대구 순수 문예지다. https://ljw1674.tistory.com/18301770 참조, 2024. 10. 26.

Ⅱ. 디지털 시대와 문학

　오늘날의 소통 체계는 아날로그 세계에서 디지털 세계로 변모되었다. 즉 많은 사람이 가상 공간인 페이스북, 인스타그램, 유튜브를 통해 쌍방향 소통하고 있다. 소통 범위도 세계 무대로 확장되었다. 가상 공간 매체들은 자동 번역 기능이 있어 필자가 여러 나라 언어를 구사하지 못할지라도 자동 번역 기능을 이용하여 어느 정도 소통이 가능하다. 게다가 영상과 음향(sound)을 사용할 경우, 언어 제약을 받지 않아도 된다.

　최근 10년간 문학은 그 어느 때와도 비교할 수 없을 정도로 급격한 양식의 변화를 겪고 있다. 이러한 문학 양식의 변화는 무엇보다도 컴퓨터의 확산으로 인한 글쓰기 수단의 변화와 가상현실(virtual reality)을 상정하는 사이버 공간(cyber space)의 성립이라는 두 측면이 문학에 미친 영향과 직결되어 있다. 웹툰, 웹소설, 웹드라마의 등장은 이러한 변화의 일환이라 할 수 있겠다.

　컴퓨터의 확산으로 인해 대개 종이 위에서 이루어져 온 전통적인 글쓰기 방법에 대체하여 아스키코드를 이용한 전자 글쓰기가 보편화되었는데, 이것은 단순히 창작 매체가 변화했다는 의미가 아니라 창작 방법 및 환경의 변화가 발생했음을 뜻한다.

디지털 문화 시대의 새로운 문학 표현을 가능케 한 것은 무엇보다 소통 매체의 변화와 밀접한 관련을 맺는다. 컴퓨터와 인터넷이 만들어낸 새로운 매체로서 핵심적인 것이 전자책(e-book)이다. 전자책이란 디지털 텍스트와 음악, 음성, 그래픽이 결합된 형태의 책을 말한다. 기존의 시나 시집은 텍스트를 주로 하고 간혹 약간의 일러스트나 사진을 보조적으로 사용하곤 하는 데 비하여, 전자책은 여기에 배경 음악과 음성 낭독 등을 더하여 비트화한다.[14]

디지털 시대의 또 다른 문학 매체는 인터넷이라는 가상공간이다. 전통적으로 문학은 책이라는 매체를 바탕으로 하였으나 매체 환경의 변화로 인터넷이라는 공간을 바탕으로 전통적인 문학과는 그 성격이 매우 다른 새로운 양식의 문학이 등장하기 시작한다. 인터넷상에 나타난 새로운 양식의 문학은 책을 떠나 네트라는 가공의 공간 속에 하이퍼텍스트로 존재하며, 작자와

---

14) 박윤우, 「디지털 시대 문학의 표현」, 『디지털 시대, 문학의 길』, 푸른 사상, 2007, 91~95쪽 참조.

독자가 소통을 하기 쉽고 또한 텍스트 중심을 벗어나 다매체적인 속성을 지니고 있다.[15]

　컴퓨터 통신 기술이 결합한 인터넷이 이 사회를 지배하기 시작하면서 새로운 매체가 가진 매체 특성을 이용한 새로운 창작 방법이 등장한다. 인터넷이라는 새로운 매체가 지니고 있는 기술상의 특징인 하이퍼텍스트와 인터랙티브 그리고 멀티미디어적인 속성이 소설 창작에 개입하면서 사이버 공간의 서사 텍스트 즉 디지털 시대 문학에서는 전통적인 의미에서의 문학성이나 선조성이 파괴되는 새로운 양상을 보이기 시작한다. 하이퍼링크라는 새로운 글쓰기 기법을 활용하여 소설의 선조성을 탈피해 나가는 하이퍼텍스트 소설이라거나 인터넷이 지닌 양방향적인 속성을 이용하여 작가와 독자가 하나가 되어 상호 작용하는 작품을 생산하는 인터랙티브 소설이라거나 멀티미디어적인 속성을 활용하여 문자와 영상과 음향을 동시적으로 등장시키는 멀티미디어적 소설이라거나 하는 새로운 서사 양식에 대한 관심은 새로운 디지털 시대 문학의 가능성을 알게 해 준다.

---

15) 최병우, 「디지털 시대 문학의 생산」, 『디지털 시대, 문학의 길』, 푸른 사상, 2007, 70쪽.

디지털 매체가 하이퍼텍스트, 인터랙티브, 멀티미디어 등을 특성으로 한다는 점에서 디지털 시대의 새로운 서사 문학은 그 각각의 매체 특성을 반영한 하이퍼텍스트 소설, 인터랙티브 소설, 멀티미디어 소설 등으로 나타날 수 있을 것이다. 멀티미디어를 활용하는 새로운 문학은 매체 환경 때문에 아직은 본격적으로 활성화되고 있지 않지만, 디지털 매체의 하이퍼텍스트성을 활용하여 독자가 자신의 취향에 따라 독서할 수 있는 비선조적인 작품이나 작가와 독자가 자유롭게 의사를 소통하는 인터랙티브를 활용한 작품들은 현재 인터넷상에서 적지 않은 양이 발표되고 있다.

디지털 시대 문학의 수용자는 작가가 만들어 놓은 작품을 일방적으로 수용만 하는 존재가 아니라 수용을 하면서 새로운 창작이 가능한 존재로 만들어가는 존재이다. 따라서 디지털 시대 문학의 미래를 위하여 디지털 시대 문학의 독자들은 수용자(consumer)이면서 동시에 생산자(producer)인 즉 수용 창작자(prosumer)라는 개념 설정이 반드시 필요하다. 이런 점에서 디지털 시대 문학의 수용자인 독자가 어떻게 고급의 독자로 나아가 능동적인 수용창작자로 만들어 갈 것인가에 대한 연구와

노력은 디지털 시대 문학의 미래를 위해 매우 중요한 의미를 지닌다.[16]

한편, 디지털 시대 문학의 한 장르로 국내는 물론 국외에서도 큰 인기를 끄는 장르가 있으니 바로 '디카글쓰기', '멀티글쓰기'이다. 이들은 인터넷이라는 가상 공간을 통해 더욱 활성화된다. 세계 언어로 번역이 가능하며, 쌍방향 소통이 가능하기 때문이다.

2000년대 초부터 시작된 디카글쓰기는 이미 우리 일상에 깊이 들어와 있다. 이처럼 빠르게 확산되는 이유는 누구나 쉽게 접근할 수 있고 어렵지 않게, 그리고 재미있게 만족할 만한 결과물을 얻을 수 있다는 데 있을 것이라 추론한다. 디카시는 오늘날 하나의 새로운 의사 표현 매체로써 상용화되고 있는 디카(디지털카메라)를 활용한 디지털 시대의 새로운 시 쓰기의 형식이다.[17]

멀티미디어(Multimedia)는 멀티와 미디어의 합성어로 다중 매체를 동시에 사용해 정보를 제공하는 것을 일컫는다. 전통적

---

16) 최병우, 「디지털 시대 문학의 생산」, 『디지털 시대, 문학의 길』, 푸른사상, 2007, 70~82쪽 참조.
17) 이상옥, 『디카시를 말한다』, 시와에세이, 2007, 97쪽.

인 모노미디어에서는 두 개 이상의 미디어를 합쳐서 전송한다는 것이 쉽지 않았으나 컴퓨터의 등장(하드웨어)과 통신 기술의 발전(네트워크)으로 디지털화가 진전되면서 서로 다른 미디어를 혼합하는 것이 쉬워졌다. 디카(디지털카메라)를 이용하여 다중 매체를 동시에 사용하는 예술 작품을 큰 어려움 없이 제작할 수 있다는 점이 대중들에게는 큰 매력으로 다가가는 것으로 분석된다.

디카시가 일종의 놀이처럼 쉽게 접근·제작이 가능하다는 점에서 대중성과 세계적인 보급·확산 운동에 대한 보고도 있었다. 한국에서 시작된 디카시를 세계에 알리고 확산시키려는 디카시인들과 평론가들의 노력을 기록한 것이었다. 미국 시카고와 뉴욕으로, 중국과 미국으로, 그리고 인도로 디카시를 보급·확산했다는 언급들이 있었다.[18]

디카시는 사진 UGC[19]와 시의 게시·유포가 동시에 가능한

---

[18] 김종회, 「경남 고성에서, 미국 시카고, 뉴욕으로」, 『디카시』 26, 한국디카시연구소, 2018.6, 12~20쪽; 이상옥, 「디카시 고성에서 한국을 넘어 중국 대륙과 미국으로」.『장산숲』, 도서출판 디카시, 2018, 148~155쪽; 홍은택, 「오래된 미래, 인도에 디카시를 전하다」, 『디카시』 32, 한국디카시연구소, 2019.12, 10~18쪽.

웹2.0 환경의 산물이다. 한 편의 디카시가 만들어지기 위해서는 디카시인이 자신의 주제를 드러내는 사진적 소재를 발견했을 때 자유롭고 개성적으로 사진으로 영상화하고, 그 소재와 관련이 있는 자신의 시를 써서 함께 게시·유포할 수 있는 매체 활용 환경이 마련돼야 한다. 디지털카메라나 그것이 내장된 휴대폰·스마트폰이 보급되고, 사진 UGC와 시를 함께 게시·유포할 수 있는 웹사이트를 이용하는 웹2.0 환경이 전제되어야 하는 것이다. 이런 매체 활용 환경이 한국에서는 2000년대 초반에 구축된다.

웹2.0 환경 속의 디카시는 사진·시를 결합시키는 복합장르 형태라는 점이 중요하다. 디카시가 사진과 시라는 이질적인 두 장르가 결합하는 하나의 복합장르가 되기 위해서는 사진·시의 결합 순서와 주제 구현을 위한 역할 분담이 필요하다. 시가 먼저 제작되고 사진·동영상이 덧붙여지는 포토포엠·멀티포엠의 경우에 포토포엠·멀티포엠의 주제를 시에서 먼저 형상화하기 때문에 그 주제에 걸맞은 사진·동영상을 찾거나 제작해서 덧붙

---

19) 사용자 생성 콘텐츠(user-generated content)

일 수 있지만, 이미 시에서 주제를 드러내어서 사진·동영상의 역할이 보조적이거나 극히 제한될 수밖에 없다. 이에 반해서 디카시는 그 주제를 구현할 때 사진적 소재를 먼저 찾아 영상화한 뒤에 그 소재를 문학적으로 형상화하는 제작 방식을 취하기 때문에 사진과 시의 주제 구현 역할 분담이 상당 부분 가능하게 된다.[20)]

디지털카메라는 대부분의 스마트폰에 내장되어 있다는 점에서 우리가 일상생활에서 손쉽게 시적 대상과 접촉할 수 있는 계기를 마련해준다. 이때 자연과 사물에서 비롯되는 시적 형상은 평범한 일상에 "역동적 상상력"을 극대화하여 탈일상의 공간을 구축한다고 볼 때, 디카시는 "극순간성", "극현장성", "극사실성", "극서정성"과 같은 특징을 지니게 된다.[21)]

---

20) 이상옥 역시 멀티포엠·포토포엠의 경우에 문자시가 먼저 있고 사진·영상을 병치한다는 점에서 디카시와 다르다고 논의한 바 있다. (이상옥, 「멀티포엠과 디카시의 전략」, 『한국문예비평연구』 35, 한국현대문예비평학회, 2011, 1~24쪽.) 장경기의 시 「산다는 건 어디로든 떠난다는 것」은 대표적인 멜티포엠의 한 예이니 비교 바란다.
(http://blog.daum.net/multipoem/6419579)
21) 김종회, 「현대시의 새로운 장르, 디카시—미답의 지평과 정체성」, 문학의 거울과 저울, 민음사, 2016, 315쪽.

"극순간성", "극현장성", "극사실성", "극서정성"은 우연히 순간적으로 작품 소재를 발견하게 되며, 그렇기 때문에 사전에 머릿속에서 구상한 것이 아닌 현장에 있는 이미지를 날것(극사실성)으로 받아들이게 되며, 날것의 이미지를 보는 순간 순간적으로 떠오르는 느낌과 해석은 개인마다 다르므로 극서정성이 된다. 작품 창작을 위해 미리 구상하고 구성하는 단계가 없으므로 누구나 쉽고 재미있게 접근할 수 있다. 그리고 느끼는 대로 표현하는 자유가 작가에게는 짜릿한 흥분으로 다가온다.

'디카시'는 즉각적이고 생생한 감흥을 살린다는 점에서 영상이나 시가 각각 선후 관계로 조합되는 '포토포엠'과는 구별되며, 시인을 시적 형상을 포착하여 독자에게 전달하는 "에이전트"로 봄에 따라 문자시를 전제로 사진을 병치하는 '포토포엠'과는 구별된다.[22] 즉 에이전트의 순간 포착 느낌에 따라 촬영 연출의 고유성도 달라질 것이다.

디카시라는 복합장르에서 사진이 지니는 역할은 상당히 중요하다. 디카시가 제작 과정상 사진이 확정되어야 시를 덧붙이

---

[22] 이상옥, 「멀티포엠과 디카시(詩)의 전략」, 『한국문예비평연구』 제35집, 한국현대문예비평학회, 2011, 88~89쪽.

는 작업이 후속되는 형태라는 점에서 사진은 시보다 우선해서 디카시의 주제를 일차적으로 구현하고 시의 문학적 형상화 과정에서 절대적인 영향을 끼친다. 이 점에서 디카시에 게시된 사진은 디카시인이 제대로 된 촬영·편집기술 없이 일상생활에서 손쉽게 얻은 것일지라도, 예술성을 지니는 순수사진으로 간주될 필요가 있다. 디카시 속의 사진을 대상으로 그 특성과 연출을 검토해야 하는 이유가 여기에 있다.[23]

디카시 속의 사진은 그 고유한 특성을 지닌다는 점에서 하나의 예술적인 순수사진이다. 사진은 한편으로 현실·현상을 그대로 재현하고 그것을 자동적으로 복제하는 복사성·자동성이라는 외적·객관적인 특성을 지니지만, 다른 한편으로는 사진사가 자기 삶의 현장에서 참된 느낌·인식을 발견하거나 자신의 호흡이 대상의 외적 조건과 일치되는 극적인 한순간을 우연히 포착하거나 혹은 현실의 시공간을 분리하는 독자적·고립적인 이미지를 만드는 현장성·우연성·고립성이라는 내적·주관적인 특성도 갖는다.[24]

---

23) 강정구, 「디카시의 장르적 특성 고찰」, 『우리문학연구』 69, 우리문학연구, 2021, 307쪽.

詩人의 呼吸을 刹那에 表現한 것은 詩歌이지요. 一般的으로 呼吸과 衝動이 잘 調和되면 (중략) 다 좃타고 하는 것이겟지요. (중략) 意味의 詩歌는 表現할 수가 업고 그 呼吸과 鼓動을 늣기는 그 詩人에게만 意味를 理解할 수 잇는 沈默의 詩밧게는 업슬줄 압니다. 言語 쪼는 文字의 形式을 알게되면 詩味의 半分은 업서진 것이오. 言語와 文字는 鼓動을 그려내일 수 업지요. 사람마다 갓지 아니한 文體와 語體를 가지게 된 것도 이것인줄 압니다.
―「詩形의 音律과 呼吸―劣拙한 非見을 海夢兄에게」 부분[25]

즉, 김억의 시론에 의하면 시인이 시 창작 소재를 발견하고 시로 표현하기 전의 호흡과 충동을 조화롭게 표현하면 잘 된 작품이 된다. 그러나 대부분 언어 또는 문자로 표현하는 순간 조금 전에 느꼈던 느낌은 반감되며 시인의 표현 기술에 따라 작품의 표현 형태도 각각 달라진다는 것이다.

다시 말하면, 시인이 시 창작 소재를 발견하는 그 순간 창작 소재는 날시가 되며 그 날시(신의 창조물)는 에이전트의 상상

---

24) 한정식,『사진예술개론』, 눈빛, 2004, 37~76쪽.
25) 김억,《태서문예신보》제14호, 1919. 1. 13; 박경수 편, 안서김억전집 5 ―문예비평론집, 한국문화사, 1987.

력을 거쳐 작품이 된다. 디카시 이전에는 시인이 자신의 상상력을 덧붙이기 전에 독자와의 소통을 위해 창작 소재를 있는 그대로 그리는 현장 묘사가 필요했지만 디카시에는 사진이 현장을 생생하게 보여주기 때문에 현장 묘사를 할 필요가 없고 시인이 작품 소재를 보는 순간 느낀 느낌 또는 상상만 문자로 표현하면 되므로 시가 그만큼 짧아지게 된다.

디카시에서 자연이나 사물에 깃든 시적 형상으로서 '날시'는 "신의 상상력"과 같이 "시인의 상상력 이전"에 존재하는 절대적인 지위를 가지고 있으면서도, 이를 포착하고 재현하기 위해서는 부득이하게 시인의 내면과 주관을 거칠 수밖에 없다. 다시 말해, '날시'가 명확하게 재현될 수 없는 영역으로 남게 된다고 할 때, 디카시가 작품으로서 새로움을 불러일으키기 위해서는 '날시'의 '여백성'을 효과적으로 활용할 수 있어야 한다는 것이다. 디카시 본래의 의도가 영상언어와 문자언어의 결합을 통해 제3의 새로운 의미를 파생시키는 데 있다면, 영상언어와 문자언어가 결합하는 과정에서 '날시'가 지닌 이미지의 잉여성을 어떤 방식으로 구현할 것인가는 디카시의 문학성을 결정짓는 중요한 문제인 것으로 보인다.[26]

김영도는 디카시에서 사진의 시각적 특성을 동어 반복적으로 제시할 때 의미 층위에서 긴장감을 줄 수 없다고 말한 바 있다. 그는 "사진의 도상성과 시의 상징성을 어떻게 적절하게 유지하면서 은유적 긴장미를 지속시키느냐"에 디카시의 성패가 달려있다고 보고 있다.[27]

부연 설명하면, 사진에 나온 내용을 문자로 묘사할 경우 시의 긴장감이 떨어진다는 것이다. 이미지의 향유가 개인적인 차원에서 이루어진다는 점을 고려한다면, 디카시에서 '날시'가 유발하는 여백성은 독자들에게 다차원적인 해석의 공간을 제공할 수 있기 때문이다. 디카시의 여백성은 일본의 정형시 하이쿠에서도 발견된다.

하이쿠란 시간 또는 장소를 지시하거나 연상케 하는 하나의 구체적인 또는 즉물적(即物的)인 시적 진술과 순간의 이해 및 깨달음이 담긴 또 하나의 시적 진술 사이의 병치 또는 중첩(重

---

26) 이성모, 「디카시에 관한 管見」, 『서정시학』 27, 계간 서정시학, 2017, 272~273쪽.
27) 김영도, 「사진을 활용한 문학적 글쓰기 연구」, 『교양교육연구』 9, 한국교양교육학회, 2015, 480~481쪽.

疊)의 구조로 이루어진 정형시라 할 수 있다.[28]

하이쿠 한 편을 예를 들면 다음과 같다.

> 떨어진 꽃잎, 가지로 되날아가네, / 나비 한 마리.
> The apparition of these faces in the crowd: / Petals, on a wet, black bough.
> 落花枝に / 歸ると見れげ / 胡蝶哉[29]

예로 든 하이쿠를 디카시의 틀에 놓고 해석해 본다면, '떨어진 꽃잎, 가지로 되날아가네'는 날시가 되며, 사진으로 대체할 경우, 독자가 느끼는 상상의 폭은 훨씬 증폭된다. '나비 한 마리'는 에이전트의 상상의 산물이므로 '나비 한 마리'로 한정될 필요는 없다. '디카하이쿠'[30]라는 장르가 생길 경우, 독자는 에이전트가 문자로 제시한 문자의 틀에 갇히지 않고 좀 더 확장된 상상력을 펼친다면 '수용하면서 새로운 창작이 가능한 존재로 만들

---

28) 장경렬, 「'확대 지향'의 시 형식과 '축소 지향'의 시 형식 : 시조와 하이쿠의 형식상 특성에 대한 하나의 비교 분석」, 『일본비평』 14, 서울대학교 일본연구소, 2016. 02, 225~226쪽.
29) 장경렬, 위의 논문 참조.
30) 필자의 자의적이고 가상적인 명칭.

어가는' 디지털 시대 문학의 특성을 살리게 될 것이다.

아직 거기 있다면 그만 돌아오려무나
못다 한 말이 너무 많다.
- 김영주, 「수신 미확인」[31]

김영주의 「수신 미확인」은 세월호 참사 가족, 친지, 지인들이 간절한 마음으로 쓴 편지를 붙여놓은 사건 현장을 찍은 사진이다. 현장 사진은 날것이며 '아직 거기 있다면 그만 돌아오려무나/ 못다 한 말이 너무 많다.'는 에이전트 상상력의 소산물이다.

---

31) 김영주, 「수신미확인」, 《경남일보》, 2015. 07. 23.
http://www.gnnews.co.kr/news/articleView.html?idxno=246262

사건 현장은 하나이지만 상상력의 소산물은 다양할 것이다.

우리 시조단의 원로 시조시인 이상범[32)]도 비슷한 시기인 2007년 디카시조집 『풀꽃시경』을 발간한 후 최근까지 꾸준히 디카시조집을 상재하고 있다. 이를 두고 이상옥은 "이상범 선생는 시서화 삼절이다. 시서화 삼절이 디카와 만나서 디지털 시대의 새로운, 진화된 시서화인 디카시를 빚어낸 것은 우리시가 이제 시의 텍스트에 영상을 도입하는 쪽으로 진화하는 예표라 할 것이다."[33)]라고 서술하고 있다.

---

32) 이상범은 현대시조의 양면성인 시조성과 현대성을 다양하게 시험해 오고 있는 대표적 시인이다. 이상범의 작품집은 『가을 입문』, 『묵향가에·미닫이가에』, 『아, 지상은 빛나는 소멸』, 『신전의 가을』, 『꿈꾸는 별자리』 등 24여편이 있다.
33) 이상옥, 앞의 책, 94~95쪽.

몇 잔 술 했다고 스스로를 잃지 않아
꽃술의 잠망경을 살짝 올려 세상을 본다
산발한 화상이지만 볼 건 죄다 보며 산다.
　　　　　　- 이상범 「잠망경 - 술패랭이에게」[34]

　이상범의 「잠망경 - 술패랭이에게」에서 날것(신의 창조물)은 술패랭이꽃이다. 그런데 에이전트인 이상범 시인은 술패랭이꽃을 보면서 잠망경을 떠올리게 된다. 양쪽에 나란히 솟아오른 두 개의 꽃술은 잠망경의 프리즘으로 보인다. 그런데 잠망경은 기구가 아닌 술 취한 인간의 눈이다. 불그레한 꽃잎을 보며 술 취한 사람을 상상한 것으로 분석된다. 잠망경을 말하면서 취객을 오버랩하는 알레고리 기법을 적용하고 있다.
　이 작품은 단시조이며 장별 배행하고 있다. 지금까지 서술한 디카시의 잣대로 분석해 보면, 날시와 에이전트의 상상이 섞여 있다고 볼 수 있다. '꽃술의 잠망경'에서 '꽃술'은 날시이며 '잠망경'은 에이전트의 상상이다. 하이쿠나 디카시와 비교해 볼 때, 의미가 한층 중첩된 겹꽃을 연상시킨다.

---

34) 이상범 시집, 『꽃에게 바치다』, 토방, 2007.

오늘날 현대시조가 추구하는 모호성과는 거리가 있다. 그러나 고시조를 보면 알 수 있듯이 현대시조가 추구해야 하는 시조성의 본령은 간결성, 명료성, 함축성이다. Ⅲ장에서는 시조의 교과서라 할 수 있는 이영도 시인의 작품을 통해 시조의 본령을 분석함과 동시에 디지털 시대에 알맞은 시조 형식과 표현 방법에 대해 분석해 보기로 하겠다.

Ⅲ. 이영도 시조의 형식과 표현기법

글쓰기 매체의 변화에 따라 글쓰기 기법도 변화해 왔다. 문자 이전 구술시대에는 문학의 전달 매체가 구술 양식이었다면, 그 후 문자 시대에는 문자 양식이었다. 디지털 시대인 오늘날에는 멀티미디어 양식과 디지털 양식으로 변모되었다. 따라서 영상과 음향이 발달된 디지털 시대에 맞는 글쓰기 방법은 간결성, 명료성, 함축성이다. 문자가 차지하는 비중이 줄어든 것이다. 본장에서는 이영도 시조 문학 분석을 통해 시조 정체성의 진수를 찾고 디지털 시대 글쓰기 형식과 기법에 적합한지 분석해 보겠다.

　이영도 시인은 1916년 10월 22일, 경북 청도군 청도읍 내호리에서 구한말 군수를 지낸 아버지 이종수와 어머니 구봉래 사이에 1남 2녀 중 차녀로 태어나 비교적 부유한 성장기를 보냈다. 1935년 20세에 이영도보다 1살 위인 박기수와 결혼하여 대구시 인교동에서 신혼살림을 시작한 후 이듬해 딸 박진아를 낳았다. 그러나 남편 박기수는 결핵[35]으로 1945년 8월 10일 광복을 며칠 앞두고 세상을 떠났다. 남편 작고 후 이영도 시인은 통영여중 교사로 부임하게 되는데 여기서 청마 유치환 시인을 만나게 된다. 이들의 교류는 1967년 유치환 시인이 교통사고로 사망하기까지 20여 년간 지속된다. 유치환 시인이 이영도 시인에게 품었던 연정은 유치환 서간집 『사랑했으므로 행복하였네라』[36]에 고스란히 남아 있다. 유치환 시인이 보낸 편지에 대한 이영도 시인의 답신은 현재 청도군 금천면 소재 '들풀시조문학관'[37]에 보관되어 있다. 유치환 시인과의 교류는 이영도

---

35) 어떤 기록에는 '폐침윤'이라 하여 분명하지 않다.
36) 유치환 저 / 최계락 엮음, 유치환 서간집 『사랑하였으므로 행복하였네라』, 중앙출판공사, 1967.

시인의 작품 창작에도 적지 않은 영향을 끼쳤다.

이영도 시인은 1946년 5월 1일 문예지 『죽순』 창간호에 「제야(除夜)」를 발표하면서 문단 활동을 시작했다. 1954년 1월 시조집 『청저집』을 발간했으며 1958년 11월 25일 수필집 『춘근집』을 발간했다. 1966년 수필집 『비둘기 내리는 뜨락』을 발간했으며 유치환 시인 사후 시조집 『석류』를 발간했다.[38]

시조집 『석류』는 오빠 이호우 시인과 함께 낸 시조집으로 『비가 오고 바람이 붑니다』에 실려 있다. 시조집 『비가 오고 바람이 붑니다』는 이호우의 휴화산 편과 이영도 시인의 석류 편으로 구성되어 있다. 이영도 시인의 석류 편에 실린 작품들은 대부분 『청저집』에 실렸던 작품들인데 이들 작품을 단시조로 정

---

37) 들풀시조문학관 : 청도군 금천면 선바위길 55-13 소재. 들풀시조문학관 민병도 관장은 국제시조협회 이사장이시며, 이호우·이영도 문학기념회 회장직을 맡고 있다.

38) 『석류』에는 유치환 사후 이별의 슬픔이 고스란히 드러나 있다.
너는 저만치 가고/ 나는 여기 섰는데// 손 한 번 흔들지 못한 채/ 돌아선 하늘과 땅// 애모는/ 사리로 맺혀/ 푸른 돌로 굳어라// - 이영도 「탑3」(『석류』) 전문
http://blog.ohmynews.com/q9447/223067 '이 풍진 세상에' 검색일 2017. 11. 4.

이영도 일기(1953년)와 이영도 편지(청마 시인에게)

리하여 실었다. 1971년 4월, 수필집 『머나먼 사념의 길목에서』를 발간했으며 1976년 3월 6일 61세의 나이로 작고한 후 시조집 『언약』과 수필집 『나의 그리움은 오직 푸르고 깊은 것』이 발간되었다.

본고에서는 시조집 『청저집』[39], 『석류』[40], 『언약』[41]을 주요 연구 대상으로 하고 수필집 『춘근집』[42], 『비둘기 내리는 뜨락』[43], 『머나먼 사념의 길목에서』[44], 『나의 그리움은 오직 푸르고

---

39) 이영도, 시조집 『청저집』, 문예사, 1954.
40) 이영도, 시조집 『석류』, 중앙출판공사, 1968.
41) 이영도, 시조집 『언약』, 중앙출판공사, 1976.
42) 이영도, 수필집 『춘근집』, 청구출판사, 1958.
43) 이영도, 수필집 『비둘기 내리는 뜨락』, 미조사, 1966.
44) 이영도, 수필집 『머나먼 사념의 길목』, 중앙출판공사, 1971.

깊은 것』⁴⁵⁾은 시조 작품을 분석하는 데 있어 도움이 되는 보조 자료로 연구하도록 하겠다. 이영도 시인은 주로 수필을 쓰고 난 후 수필 내용을 정리하여 시조로 창작하는 습관을 지닌 것으로 분석된다.⁴⁶⁾

본 장에서는 이영도 시조의 형식과 표현기법을 분석해 보기로 하겠다. 1920년대 시조부흥운동 이래 시조의 명맥을 유지

---

45) 이영도, 수필집, 『나의 그리움은 오직 푸르고 깊은 것』, 중앙출판공사, 1976.
46) 아래 작품은 수필집 『머나먼 사념의 길목』에 실린 작품인데 여기 실린 시조 작품은 약간 수정하여 시조집 『언약』에 제목 「달무리」로 실려 있다.
이영도, 「모정은 달무리처럼 - 다시 어머니날에」, 『머나먼 사념의 길목』, 중앙출판공사, 1971, 65~72쪽
나의 친지 가운데 딸 3자매를 얌전히 길러 시집을 보낸 어머니가 계신다. 천성이 아름다운 부인이었는데도 그 남편은 천하의 한량이요, 난봉꾼이어서 부모에게서 물려 받은 많은 재산을 주색잡기로 떨어버리고 나중에 등 붙일 방 한 칸 없는 초라한 말년을 겪고 이는 처지다. (중략) 우리는 기쁠 때보다 슬플 때 더 많이 어머니를 불러왔고, 편안할 때보다 어렵고 아쉬울 때 어머니를 찾았다. 그리고 위급할 때 어머니의 이름을 불러왔다. (중략) 진실로 얼굴을 묻으면 내게는 전 우주보다 넓고 포근하던 가슴! 그 어진 눈매 위를 달무리처럼 촉촉하던 살쩍 곱던 이마가 떠오르기만 한다. 목메이게 곱던 그 이마가…….

우르르면 내 어머님/ 눈물 괴신 눈매// 얼굴을 묻고/ 아! 우주이던 가슴// 그 자락/ 학같이 여시고./ 이 밤/ 너울너울 아지랭이.//

하기 위해 많은 변화를 겪어왔다. 이러한 몸부림은 시조 정체성에 많은 영향을 끼쳤다. 최남선, 이광수, 이병기, 이은상 등의 시조 창작 기법이 아직까지도 많이 논의되고 있다. 특히 가람 이병기가 1932년 동아일보에 연재했던 「시조는 혁신하자」는 오늘날 창작되고 있는 현대시조에 많은 영향을 끼쳤다.[47]

가람 이병기의 「시조혁신론」 5항에서는 연시조 쓰기를 독려하고 있으며 6항에서는 '자유로운 행갈이'를 강조하고 있다. 연시조 쓰기를 독려하는 이유로 "당대 생활상은 복잡하여지고 새 자극을 많이 받게 됨에 따라, 자연 그 표현 방법을 전개시킬 수밖에 없다. 한 제목에 대하여 그 시간이나 위치는 같든 다르든, 다만 그 감정의 통일만 되게 하는 것이다."라고 부연하고 있다.[48]

즉 다시 말하면 단시조는 당대인들의 복잡다단한 정서를 담기에는 그 그릇이 협소하므로 연시조를 즐겨 쓰자는 것이다. 6

---

47) 이순희, 「한국 근대시조의 이미지 연구」, 경북대학교 대학원 박사학위 논문, 2015.
48) _____, 위의 논문, 86~87쪽 참조. 시조혁신론: 1. 실감실정을 찾자, 2. 취재의 범위 확장하자, 3. 용어의 참신, 4. 격조의 변화, 5. 연작 형태 지향, 6. 자유로운 행길이와 묵독 낭독

항, '자유로운 행갈이'를 강조하는 근거로는 "시를 제 가락에 맞추어 잘 쓰는 법까지 알고 써야 한다. 시는 잘 짓기도 하려니와 쓰기도 잘 하여야 한다."라고 서술하고 있다. 오늘날의 시조 정체성 혼란의 원인은 6항으로 인한 것이라 분석된다. '제 가락에 맞추어 잘 쓰려고' 하다 보니 시조의 정체성인 장과 구와 음보를 망각하고 4항인 '격조의 변화'를 추구하기 위해 시인 자신의 자의적인 형식을 구사하게 된다. 그러다 보니 시조의 정형성이 파괴되어 정형시이면서도 시인마다 그 형식이 다르고 같은 시인이 쓴 시조 작품이지만 규칙성이 없어 정형성을 유지할 수 없게 된 상황이 된 것이다.[49]

따라서 시조의 리듬은 "글자 수보다는 4마디가 확실해야 하며, 한 章은 2개의 句로 확실하게 나눠야 하고, 초중종장은 약-강-약의 흐름이 있어야 한다.[50]

더불어 단시조의 경우 장(章) 구분이 구(句) 구분과는 달라야 하며 연시조의 경우, 연(聯) 구분이 장(章) 구분과는 달라야 한다. "지금 우리가 심각하게 고민해야 할 것은, 시조의 부흥이 아

---

49) 이순희, 앞의 논문, 86~87쪽 참조.
50) 김남규, 앞의 발표, 35쪽.

니라 시조의 본질(정체성)이며, 시조의 대중화와 세계화가 아니라 시조시인들의 반성이 아닐까."[51] 한다.

그렇다면, 이영도 시조의 경우, 시조 정체성의 핵심이 되는 음보, 구, 장, 연의 구분이 어떻게 되어 있는지 형식을 분석하는 가운데 살펴볼 것이며 시조의 현대성을 추구하기 위해 표현기법 면에서 어떤 방법을 취하고 있는지 살펴보기로 하겠다.

1 형식

구술문화 시대의 전통을 이어받은 시조가 디지털 시대에는 어떤 구현방식을 선택해야 할 것인가 하는 문제는 비단 시조 장르만의 문제는 아닐 것이다. 소설이나 자유시 분야에서도 마찬가지일 것이다. 시조의 정체성을 살리면서 디지털 시대에 발맞추는 것이 정답일 것이다. 그런데 오늘날, 현대시조는 고시조가 가지는 시조성에서 많이 벗어나 있다. 3장 6구 12음보 45자를 제대로 지키지 않고 있는 것이다. 음보와 구와 장의 의미가 사라지고 시조의 정수인 명료성과 간결성, 그리고 함축성도 찾

---

51) 김남규, 앞의 논문, 32쪽.

아볼 수 없다. 근현대문학으로서의 시조는 이미 창사(唱詞) 기능에서 벗어나 오로지 율독(律讀)을 통해서만 정형성을 느낄 수 있게 되었고, 작품에 대한 평가 역시 시조 고유의 양식적 요소보다는 시적 발상과 표현이라는 시 일반론적 요소에 의존하게 됨으로써, 정형 양식으로서의 배타적 독자성을 상당 부분 상실하게 되었기 때문이기도 하다.52)

그러나 시조가 정형시인 이상 정형시만의 고유영역을 가져야 할 것이고 이것은 자유시가 행사할 수 없는 영역 확보로 인정되어야 한다. 그래야만 시조의 존재가치가 있는 것인데, 오늘날 시조 전문지에 발표되는 작품들은 과연 자유시와 변별되는 시조만의 고유영역을 행사하고 있는가 하는 점에 대해서는 많은 평자들조차도 회의적으로 생각하는 경향이 있다. 시조가 이렇게 된 데에는 시조 시인들이 시조의 정체성 확보에 소홀하여 왔음에 기인한다고도 할 수 있다.

현대시조가 이처럼 방황하고 있을 때에도 시조의 현대화를 위해 노력했던 정운 이영도 시인의 작품을 거론한다는 것은

---

52) 유성호, 앞의 논문, 164~165쪽.

의미 있는 일이라 하겠다.[53] 그의 생애와 내용에 대해서는 많은 이가 지적해 왔으므로 본고에서는 이영도 시조의 형식과 표현기법을 분석해 봄으로써 자유시와 변별되는 현대시조의 정수를 찾고 디지털 시대에 걸맞은 시조 요소를 분석해 보도록 하겠다.

이영도 시조를 살펴보면 초기『청저집』60편, 중기『석류』90편, 사후인 후기 시조집『언약』90편으로 나누어볼 수 있다. 그런데 이영도 시조 작품 특이점은 동일 제목 작품이 초기, 중기, 후기 작품에 반복해서 나타나고 있다는 것이다.[54]

특히 초기『청저집』과 후기『석류』에서는 많은 수의 작품이 초기 시조집에 나왔던 제목이라는 것을 알 수 있다. 이들 작품을 서로 비교 분석해 봄으로써 이영도 시조 작품의 변모 과정을

---

53) 임종찬, 앞의 논문, 160쪽.
54)『청저집』에 나왔던 같은 제목이『석류』에 실린 작품 수는 전체 작품 수 90편 가운데 36편이 되는데 대부분 행갈이 방법이 달라졌다. 즉, 장별 배행을 구별 배행으로 하고 '종장 첫 음보 3자'를 독립하여 음보별 배행을 했다. 초기 시조집『청저집』, 중기 시조집『석류』, 후기 시조집『언약』에 모두 실린 작품은 6편이 되며『석류』에 실린 작품 제목이『언약』에 실린 작품 수는 5편이 된다.

살피는 가운데 시조 창작에 있어 이영도 시인이 중요하게 여겼던 점이 무엇인지 분석해 보기로 하겠다. 또한 장과 연 구분, 종장 첫 음보 3자의 쓰임을 분석함으로써 이영도 시인은 시조의 정체성을 드러내기 위해 어떤 노력을 했는지 분석해 보겠다. 그러한 분석과정에서 오늘날, 현대시조 창작자들의 시조 작법과 비교해 보겠다. 이영도 시인의 작품 형식에 포인트를 주기 위해 현대시조 창작자들의 작품은 각주에서 다루도록 한다. 그리고 그들의 작품 배려 차원에서 논점만 드러낸 채 작품은 각색하여 나타내도록 하겠다.

1.1. 초기, 중기, 후기 같은 제목 작품 비교

초기 시조, 『청저집』, 중기 시조 『석류』, 후기 시조 『언약』에 공통적으로 나타난 작품으로는 「봄」, 「봄비」, 「보리고개」, 「낙화」, 「제야」가 있다.

먼저, 「봄」을 분석해 보기로 한다. 「봄」은 초기, 중기에는 「봄Ⅰ」, 「봄Ⅱ」로 나타나며, 후기에는 「봄」으로 나타난다. 먼저 「봄Ⅰ」을 비교해 본다.

① 초기 시조

    낙수 소리 듣다 미닫이를 열뜨리니
    포근히 드는 볕이 후원에 가득하고
    제가끔 몸을 차리고 새 움들이 돋는가

    아이는 봄 따라 가고 고요가 겨운 뜰에
    맺은 매화가지 만져도 보고 싶고
    무엔지 설레는 마음 떨고 일어 나선다

                                      - 「봄 Ⅰ」[55]

② 중기 시조

    아이는 봄 따라 가고
    고요가 겨운 뜰에

    봉오리 맺은 가지
    만져도 보고 싶고

    무엔지 설레는 마음
    떨고 일어 나선다.

                                      - 「봄 Ⅰ」[56]

---

[55] 「봄 Ⅰ」, 『청저집』, 문예사, 1954. 1. 7, 12쪽.
[56] 「봄 Ⅰ」, 『석류』, 중앙출판공사, 1968. 2. 15, 21쪽.

다음에는 「봄 Ⅱ」를 비교해 본다.

① 초기 시조

　　이웃에 봄을 나눈 살구꽃 그늘 아래
　　도란 도란 애기들은 소꿉질에 잠차졌고
　　상추 씨 찾는 병아리 돌아올줄 잊었다

　　　　　　　　　　　　　　　　　　- 「봄 Ⅱ」[57)]

② 중기 시조

　　이웃에 봄을 나눈
　　살구꽃 그늘 아래

　　도란 도란 애기들은
　　소꿉질에 잠차졌고

　　상추 씨
　　찾는 병아리
　　돌아올 줄 잊었다.

　　　　　　　　　　　　　　　　　　- 「봄 Ⅱ」[58)]

---

57) 「봄 Ⅱ」, 『청저집』, 문예사, 1954. 1. 7, 13쪽.
58) 「봄 Ⅱ」, 『석류』, 중앙출판공사, 1968. 2. 15, 27쪽.

③ 후기 시조

맥맥히 산(山)자락을
굽이마다 엎딘 초가(草家)

_____ ⓐ

그 가난을 에워
복사꽃 물이 오르네

_____ ⓐ

부풀은
가슴을 열고
씨 부르는 대지(大地)들.

_____ ⓑ

_____ ⓑ

안개 서리는 강(江)줄기
녹아 내리는 입김에

_____ ⓐ

도사려 맺힌 가슴
낙수(落水)로 듣(落)소리

_____ ⓐ

원수도
회억(回憶)에 뜨(浮)는

꽃잎 같은 이름이여.

-「봄」[59]

초기 시조 『청저집』에 실렸던 「봄Ⅰ」과 중기 시조 『석류』에 실린 「봄Ⅰ」을 비교해 보면 먼저 초기 시조는 2연 연시조인데 비해 중기 시조에서는 단시조로 변모하였다. 두 번째 다른 점은 초기 시조가 장별 배행[60]인 데 비해 중기 시조는 구별 배행[61]이라는 점이다. 세 번째 다른 점은 초기 시조는 마침표(.)를 사용하지 않았지만 중기 시조에는 종장 후구 4음보 다음에 마침표(.)를 찍어 시상 전개가 끝이 났음을 알리고 있다. 네 번째 다른 점은 초기 시조에는 '초장 약강약강, 중장 약강약강, 종장 약강강약'의 긴장 구조를 통해 시조 미학을 살리고 있다. 글자 수는 초기나 중기 동일하게 45자를 넘지 않았다. 이러한 점은 오늘날 과음보 현대시조를 쓰는 시조시인들이 눈여겨봐야 할 부분이다. 수식을 많이 하지 않아 45자를 넘지 않는 간결성과 명료성은 시조의 정체성 가운데 한 요소이기 때문이다. 이영도 시

---

59)「봄」,『언약』, 중앙출판공사, 1976. 10. 15, 56쪽.
60) 장(章) 단위로 행을 나눈다.
61) 구(句) 단위로 행을 나눈다.

조는 시상의 명료성을 잘 드러내고 있다. 시상이 불투명하거나 의미 해석이 모호하지 않게 창작하였다. 이것은 고시조에서도 확인되는 내용이다. 다음으로 수식어를 제한적으로 활용하여 시적 논의가 혼란되지 않도록 하고 있었다. 이것 또한 고시조가 절제된 언어로서 의미를 확보하고 있음과 같다.[62] 따라서 이영도 시조는 시조의 정체성을 잘 살려 시조성을 충족시키고 있다.

종장 첫 음보는 '제가끔', '무엔지'로 둘째 음보의 수식어로 쓰이고 있지 않다. 종장 첫 음보 3자는 독립된 의미를 지녀야 하기 때문이다. 즉, 기승전결(起承轉結)에서 전(轉)의 역할을 하기 때문이다.[63] 하이쿠가 병치 또는 대비의 구조로 이루어진 정형시

---

62) 임종찬, 앞의 논문, 159쪽.
63) 오늘날 현대시조 창작자들은 종장 첫 음보 3자를 둘째 음보의 수식어로 사용하는 경우가 많다. 시조의 정체성을 드러내기 위해서는 종장 첫 음보 3자는 독립적이어야 하는데 그러할 경우 독립성을 유지하기가 어렵다. 그 예를 들어보겠다.

■ 종장 첫 음보 3자가 독립적이지 않은 경우

쌓이는 처방전들 소요를 맑게 씻고/ 내 슬픈 잠의 잎 오래오래 어루만지던/ <u>당신의</u> 불꺼진 창 앞에서/ 봄이 한참 울다 가네

위 줄 친 부분인 종장 첫 음보 '당신의'는 '불 꺼진 창'의 수식어로 사용되고 있어 독립적이지 못하다.

라면, 시조는 기승전결의 구조로 이루어진 정형시다. 시조는 이미지의 선명함이나 아름다움을 요구하기도 하지만, 이와 동시에 이미지의 극적 전개·발전·전환·종결의 과정 — 즉, 기승전결의 과정 —을 기본 구조로 하는 시 형식이라 말할 수 있다. 바로 여기서 시조의 형식 요건을 찾을 수도 있으리라.[64] 시조 종장 첫 음보 독립의 필요성은 신웅순의 「시조 종장 첫 소절 & 가곡 4장」에서도 찾아볼 수 있다.

    가곡은 시조시를 노랫말로 해서 불리워지는 우리나라의 대표적인 성악곡이다. 가곡창은 5장으로 부르며 시조창은 3장으로 부른다.
    시조 초장 1, 2소절(음보)은 가곡 1장으로, 2, 3소절(음보)은 2장으로 부른다. 시조 중장은 가곡 3장으로 부르며 시조 종장 첫 소절(음보)은 가곡 4장으로, 시조 종장의 2, 3, 4소절은 가곡 5장으로 부른다.
    시조 종장 첫 소절 3음절과 둘째 소절 5음절은 바로 의미의 변환구이다. 시조 종장의 첫 소절 3음절은 변환축이 되는 셈이다. 이 축을 중심으로 의미와 곡의 대전환이 이루어진다. 시조 중장, 가

---

64) 장경렬, 앞의 논문, 228~231쪽 참조.

곡의 3장이 끝나면 바로 중여음으로 이어진다. 중여음 다음에는 시조 종장 첫 소절에 해당되는 가곡의 4장이 시작된다. 여기에서 시조와 마찬가지로 가곡도 곡의 전환이 이루어진다.

> 갈매기는 부리 하나로 수평선을 물어올린다
> 갈매기는 나래깃으로 성난 파도 잠도 재우고
> 빙그르
> 바다를 돌리면 하늘 끝도 따라 돈다
>
> — 정완영의 「갈매기」 전문

초장에서 갈매기가 부리로 수평선을 물어올린다고 실마리를 잡았다. 중장에서는 나래깃으로 성난 파도를 잠재운다고 사례를 제시했다. 종장에 가서는 빙그르 바다를 돌리면 하늘 끝도 따라 돈다고 결론을 맺었다. 초장, 중장을 거쳐 종장에 가서야 이야기가 급격히 전환되었다. 이때 '빙그르'가 바로 의미의 전환축이다.

'빙그르'라는 시조 종장의 첫 소절 3글자로 의미를 다른 차원으로 이동시켰다. 가곡의 4장도 같은 이치이다.[65]

---

65) 신웅순, 「시조 종장 첫 소절 & 가곡 4장」, 『시조문학』, 2022 여름, 249~258쪽.
[출처] 시조 종장 첫 소절 & 가곡 4장|작성자 석야 검색일, 2024. 11. 7.
https://blog.naver.com/sukya0517/222785125699

위에서 살펴본 신웅순의 「시조 종장 첫 소절 & 가곡 4장」을 요약하면 다음과 같다. 시조 종장 첫 음보 3자는 기승전결의 시상 전개에서 전(轉)으로, 변환축이 되므로 가곡창에서 4음절로 배치하여 길게 불렀다는 것이다. 이영도 시인이 중기 시조와 후기 시조에서 종장 첫 음보 3자를 독립하여 음보별 배행을 한 것은 창으로 불릴 때의 시조를 염두에 둠으로써 시조 정체성을 살리고자 한 의도였다는 것으로 분석된다. 따라서 시조 종장 첫 음보 3자는 다음에 오는 둘째 음보의 수식어로 사용되는 것은 금지해야 할 것으로 풀이 된다.

다음에는 「봄 Ⅱ」이다.

「봄 Ⅱ」에서도 역시 초기 시조는 장별 배행인 데 비해 중기 시조는 구별 배행이다. 고시조는 대부분 장별 배행으로 되어 있다. 구별 배행이 나타나기 시작한 것은 가람 이병기의 시조혁신론 6항 자유로운 행갈이 규정이 생긴 후부터이다. 초기 시조 종장 후구 세 번째 음보 '돌아올줄'은 후기 시조에는 띄어쓰기 규정을 지켜 '돌아올 줄'로 고쳐 표기하고 있다. 다음으로 역시 초기 시조에서는 없던 마침표(.)를 찍어 마무리하고 있다. 내용은 초기나 중기나 동일하다. 「봄 Ⅰ」에 비해 약-강-약의 흐름이 제대로 지켜지지 않은 것으로 보아 이 시기부터 이영도 시인은 이 부분에는 크게 신경을 쓰지 않은 것으로 분석된다.[66] 글자 수는 초장 14자, 중장 16자, 종장 15자로 45자를 지키고 있다.

　후기 시조에는 「봄 Ⅰ」, 「봄 Ⅱ」를 통합하여 「봄」으로 제목을 붙였다. 변모된 점을 살펴보면, 첫째, 초기 시조에서 연시조였던 것이 중기 시조에서 단시조로 정리했다가 후기 시조에는 다시 연시조로 표현했다. 다만 초기 시조는 장별 배행인 데 비해 후기 시조는 구별 배행이란 점이 차이점이다. 둘째, 내용도 초기와 중기는 같은데 후기 시조에는 관점이 확장되었다. 셋째, 후기 시조도 중기 시조와 마찬가지로 '종장 첫 음보 3자'는 종장 전구에서 분리하여 독립적으로 음보별 배행을 했으며 단시조 종장 넷째 음보가 끝난 다음에 마침표(.)를 찍었다. 2연 연시조이므로 두 번 마침표(.)를 찍었다. 다섯째, 1연이 끝나고 2연이

---

[66] 약-강-약의 흐름은 고시조에서도 엄격하게 지킨 부분은 아니다. 황진이 시조를 예로 들어 보겠다.
　산(山)은 녯 산(山)이로되 물은 녯 물이 안이로다.
　주야(晝夜)에 흘은이 녯 물이 이실쏜야.
　인걸(人傑)도 물과 ᄀᆞ야 가고 안이 오노ᄆᆡ라.

시작되기 전 연구분을 위해 ⓑ처럼 2행을 띄웠다. 구별 배행을 함에 있어 장과 장 사이에 ⓐ처럼 1행을 띄운 것과 다른 점이다. 이처럼 장과 연을 띄움에 있어서 각각 1행과 2행으로 구분하여 띄움으로써 정형시의 체계성과 논리성을 갖추고 자유시와 다른 정형시로서의 정체성을 확보했다.[67] 즉 시조 작품의 단위

---

67) 김세환 시조시인과의 인터뷰, 2024. 11. 29.
  김세환 시조시인은 영남시조문학회 회원이신 이우출 시인의 제자로서 그의 영향을 받아 장과 장 사이는 1행을 띄우고 연과 연 사이는 2행을 띄우게 되었다고 한다. 그 당시 영남시조문학회 회원들은 같은 방법을 적용한 것으로 추론되며, 영남시조문학회 회원이었던 이영도 시인도 영향을 받은 것으로 추론된다.
  시조문학의 불모지나 다름없었던 대구·경북이 시조의 본향으로 거듭난 데는 이호우(李鎬雨·1912~1970) 시인의 삶과 문학적 발자취가 짙게 드리워져 있음을 부인할 수 없다. 그리고 이호우·이우출·배병창·정완영·정재호·김상훈·정재익·김정자·유상덕·김종윤 시인 등이 1965년 4월 '경북시조문학동호회'(영남시조문학회)를 결성하고 몇 해 후 동인지 '낙강'(洛江)을 창간하면서 향토의 시조문학은 낙동강처럼 유장한 행보의 기틀을 마련했다.
  '영남시조문학회' 결성과 동인지 '낙강'의 창간은 대구·경북 시조단의 가장 획기적인 일이었으며, 60, 70년대의 향토 시조계는 '낙강'이 중심이었다. '낙강'의 고유한 음영(吟詠)에 대구문단은 민족정신을 대변하는 시조문학의 요람으로 자리를 잡았고 조동화·조영일·김몽선·장식환·민병도·박기섭·이정환·문무학·노중석·채천수·이종문 등 역량 있는 시조시인을 배출하면서 세력을 오늘에까지 이어오고 있다.
  - 조향래 기자 (bulsajo@msnet.co.kr)

확장은 '음보〈구〈장〈연'의 순서이기 때문에 장과 장 사이와 연과 연 사이는 차별화하여 표기하였다.

다음에는 「봄비」이다. 초기, 중기, 후기에 걸쳐 수록되어 있다. '봄비'라는 시상을 등단 후 작고하기까지 반평생 동안 구상했다는 증거이다. 누구나 봄비를 바라보는 심경은 남다를 것이다. 죽은 듯 미동 없던 나무에서 새순이 돋고 꽃이 피는 정경은 경이로움에 가깝다. 봄비는 이러한 경이로움을 증폭시키는 역할을 한다.

① 초기 시조

    절절(切切)한 뉘우침에
    천지(天地)가 고개 숙여

    이 한밤 하염없이
    드리우는 그의 눈물

    회한(悔恨)은 거룩한 속죄(贖罪)일레
    가지마다 트는 움!

                                 - 「봄비」[68]

② 중기 시조

절절(切切)한 뉘우침에
천지(天地)가 고개 숙여

이 한밤 하염없이
드리우는 그의 눈물

회한(悔恨)은
거룩한 속죄(贖罪)일레
가지마다 트는 움!

- 「봄비」[69]

③ 후기 시조

조용히 잠결을 흔들고
장지 밖 봄비 소리

_____ ⓐ

한 겨울 내 담통(膽痛)을 풀며

---

68) 「봄비」, 『청저집』, 문예사, 1954. 1. 7, 15쪽.
69) 「봄비」, 『석류』, 중앙출판공사, 1968. 2. 15, 26쪽.

우수절(雨水節) 밤비가 내린다

　　　　　　　　　　　　　ⓐ

강산(江山)은
관절을 펴고
말문들이 풀리겠다

　　　　　　　　　　　　　ⓑ
　　　　　　　　　　　　　ⓑ´

이 밤, 당신 말씀에
흥건히 적심 입어

　　　　　　　　　　　　　ⓐ

거듭나고 싶어라
내 심령(心靈)마다

　　　　　　　　　　　　　ⓐ

뿌리신
씨앗 낱낱이
알곡으로 맺고 싶다.

— 「봄비」[70]

---

70) 「봄비」, 『언약』, 중앙출판공사, 1976. 10. 10, 74쪽.

초기, 중기 시조는 동일하게 구별 배행을 하고 있다. 다만 종장 전구 첫 음보 '회한(悔恨)은', 3자를 중기 시조에서는 '회한(悔恨)은 거룩한 속죄(贖罪)일레'와 같이 종장 전구 둘째 음보와 함께 배행하고 있는 것에 비해 중기 시조에는 초장 전구 첫 음보 '회한(悔恨)은'을 독립적으로 분리하여 음보별 배행을 하고 있다. 종장 첫 음보 3자를 독립시킨 것은 기승전결(起承轉結)[71] 가운데 '전(轉)'에 해당하기 때문이다. 시조의 시상 전개를 기승전결(起承轉結)에 두고 있으며 여기서 '전(轉)'은 종장 첫 음보 3을 말하는데 [72] 중기에서 이영도 시인은 시조 창작에 있어 '종장 첫 음보 3자'를 중요하게 여긴 것으로 분석된다. 자수에서는 초장 14자, 중장 15자, 종장 17자로 45자에서 한 자를 더한 46자이다.

---

71) 러트가 셰익스피어의 소네트나 중국의 당시와 비교하는 가운데 파악하고 있듯, 시조는 한마디로 말해 기승전결(起承轉結)의 구조로 이루어진 시형식이라는 데 이의를 제기할 사람은 많지 않을 것이다.;
장경렬, 「'확대 지향'의 시 형식과 '축소 지향'의 시 형식 : 시조와 하이쿠의 형식상 특성에 대한 하나의 비교 분석」, 『일본비평』 14, 서울대학교 일본연구소, 2016. 02. 228쪽.
72) 김남규, 앞의 발표문, 35쪽.
우리나라 국악 정가의 악보를 보면 시조의 종장 첫 음보의 음량이 둘째 음보의 음량이나 셋째, 넷째 음보를 합한 음량과 비슷하다. 이를 통해 시조 종장 첫 음보가 시상 전개에 있어 중요한 것으로 분석된다. : 81쪽.

후기 시조는 구별 배행을 하고 있다는 점에서 초기나 중기와 다를 바가 없다. 그러나 초기 시조나 중기 시조가 단시조인데 비해 후기 시조는 연시조이다. 연시조는 단시조와는 형식이 달라야 할 것이다. 연(聯) 구분은 장(章) 구분과는 달라야 할 것이기 때문이다. 이영도 시인은 장 구분은 ⓐ처럼 한 행을 띄웠고 연 구분은 ⓑ와 ⓑ′처럼 두 행을 띄워 장과 연을 구분했다. 그런데 오늘날, 시조시인들은 장과 연(聯)의 구분 없이 시조를 쓰는 경우가 허다하다. 이렇게 할 경우, 시조에서 장과 연의 개념은 없어져야 할 것이며 초장, 중장, 종장이라는 삼장의 개념도 사라져야 할 것이다.[73]

---

[73] 그런데 오늘날 시조를 보면 장과 연 구분 없이 배행하는 경우가 허다하다. 예를 들면 다음과 같다.
■ 장(章) 구분이 없는 경우 : 구별 배행으로, 장 구분 없이 쭉 붙여 썼다.
불 끄고 누운 한밤/ 잎 지는 소리 듣는다/ 아픈 잎 까맣게 지는 소리에 젖는 베겟잇/문 열고 오래, 우두커니 / 세상의 이별을 본다
■ 연(聯) 구분 없는 경우: 장별 배행으로 연 구분 없이 쭉 붙여 썼다.
빗소리에 마음 아려오는 늦은 오후//단풍나무 숲을 다녀온 바람에 이끌려// 먼 산중 석양빛 짙은 하오를 써 내려간다// 하루를 접고 흐린 창에 불을 밝히며// 배웅 못한 낮달의 무거운 걸음 생각하는데// 혼자서 가야 하는 길은 왜 다 젖어 있을까// 고막이 점점 얇아져 모든 소리가 쌓이는// 비 오시는 봄날, 키 낮은 처마 안으로// 물오른 나무의 연민 나지막이 흘러든다

다음에는 「보리고개」 또는 「맥령(麥嶺)」을 대상으로 초기, 중기, 후기의 변모 양상을 살펴보겠다. 초기 시조에는 「맥령(麥嶺)」이라 했으나 중기, 후기에는 「보리고개」로 제목이 변모하였다.

① 초기 시조

    사흘 안끓여도 솥이 하마 녹 슬었나
    보리누름 철은 해도 어이 이리 긴고
    감꽃만 줍던 아이가 몰래 솥을 열어 보네

    한끼 건느기가 강(江)물보다 어렵던가
    고국(故國)을 찾아온 겨레 몸둘 곳이 없단말이
    오늘도 밥 얻는 무리속에서 새 얼굴이 보인다

                              - 「맥령(麥嶺)」

② 중기 시조

    사흘 안 끓여도
    솥이 하마 녹 슬었나

    보리 누름 철은

해도 어이 이리 긴고

감꽃만
줍던 아이가
몰래 솥을 열어 보네.

- 「보리고개」[74)]

③ 후기 시조

아침 산책을 돌아온
소녀(小女)의 하얀 목을
_____ ⓐ
치렁히 받쳐 밝힌
상아(象牙)빛 감꽃 목걸이
_____ ⓐ
그 꽃잎
낱낱에 어리는
고향 하늘 메아리여.
_____ ⓑ
_____ ⓑ´

---

74) 「보리고개」, 『석류』, 중앙출판공사, 1968. 2. 15, 50쪽.

오뉴월 긴 긴 시장기

뻐꾸기에 울려 두고

                                                      ⓐ

감나무 그늘을 누벼

달래던 보리고개

                                                     ⓐ

황토(黃土)빛

절은 갈증(渴症)을

겹쳐 뜨(浮)는 그대 얼굴.

— 「보리고개」[75)]

    초기에는 「맥령(麥嶺)」이라 했던 것을 중기, 후기에는 「보리고개」로 고쳐 제목을 붙였다.[76)] 초기, 중기, 후기 작품을 비교해 보면, 첫째 초기에는 연시조였다가 중기에는 단시조로, 후기에는 다시 연시조로 변모하였다. 중기 작품은 초기 작품의 1연

---

75) 「보리고개」, 『언약』, 중앙출판공사, 1976. 10. 15, 64~65쪽.
76) 제목을 고친 것은 가람 이병기의 「시조혁신론」 3항 용어의 수삼(數三 : 選擇)에 근거한 것으로 분석된다. 3항에는 다음과 같이 기록되어 있다.
    "투어나 한어나 한문구어 따위를 젖혀놓고는 한자(한글)로 된 말, 서양 말, 또는 새로 자꾸 만들어 내는 말도 써야 함."

을 가져와 배행을 달리했다. 즉, 장별 배행이던 초기 작품을 구별 배행하고 '종장 첫 음보 3자'를 전구에서 독립하여 음보별 배행을 했으며 초기에는 없던 마침표(.)를 중기 시조에서는 종장 넷째 음보 다음에 붙였다. 후기 작품은 연시조이지만 구별 배행을 했으며, '종장 첫 음보 3자'는 독립하여 음보별 배행을 했다. 그리고 연이 끝날 때마다 마침표(.)를 찍었으며 연과 연 사이는 장과 장 사이와 구분하기 위해 2행을 띄웠다. 내용은 현재에서 과거 어려웠던 보릿고개를 회상하는 형식으로 초기, 중기에 비해 시점이 바뀌었다.

다음에도 역시 초기, 중기, 후기 시조 작품에 나타난 「낙화」를 비교 분석해 보도록 하겠다.

① 초기 시조

황혼(黃昏) 서린 추녀에 제비가 찾아 들고
모란꽃 한두잎이 소리없이 듣는고야
봉추산(山) 초사흘 달이 아미(蛾眉) 같이 걸렸다

못다한 붉은 꿈을 버꾸기 안다는가

잊으랴 잊어온 꿈을 어이 울어 깨우는고
소복(素服)한 여인(女人)이 홀로 뜰에 나와 거닌다

- 「낙화(落花)」[77]

② 중기 시조

너 여윈 빈 뜰에
어지러히 지는 꽃들
_____ ⓐ

봄도 추워라
내 마음 가난하여
_____ ⓐ

애정(哀情)은
수륙(水陸) 만리(萬里) 밖
밀고 드는 파도소리.
_____ ⓑ
_____ ⓑ′

모란도 지고
네 모습 같은 백연(白蓮)송이
_____ ⓐ

조국(祖國)은 한창

---

[77] 「낙화(落花)」, 『청저집』, 문예사, 1954. 1. 7, 51쪽.

풍류(風流)에 낭자한데

-- ⓐ

내 가슴
호젓한 골을
울고 가는 송뢰(松籟)소리.

— 「낙화(落花)」[78]

③ 후기 시조

눈 오시는 날에
동작동 묘지(墓地)를 걷는다

-- ⓐ

뜨겁게 목숨을 사뤄도
사무침은 돌로 섰네

-- ⓐ

산하(山河)도
고개를 숙여
이 절규(絶叫)를 듣는가.

-- ⓑ
-- ⓑ′

---

78) 「낙화(落花)」, 『석류』, 중앙출판공사, 1968. 2. 15, 90~91쪽.

뉘우침은 강(江)물되어
갈아입는 영혼의 법의(法衣)　　　　　ⓐ

겨레와 더불어 푸르를
이 증언(證言)의 언덕 위에　　　　　ⓐ

감감히
하늘을 덮어
쌓이는 꽃잎, 꽃잎.

- 낙화(落花)79)

　낙화(落花)를 초기, 중기, 후기로 나누어 살펴보면 다음과 같은 특징을 지닌다. 첫째 모두 연시조이다. 그런데 초기 시조는 장별 배행을 했으며 중기 시조와 후기 시조는 구별 배행을 했으며 '종장 첫 음보 3자'는 독립하여 음보별 배행을 했다. 그리고 중기와 후기 시조에는 1연이 끝날 때마다 마침표(.)를 찍었다. 내용은 각각 다르다. 초기와 중기는 시적 대상이 개인이요, 후기는 동작동 국립묘지에 묻힌 순국선열과 호국영령으로 확대되었다.

---

79) 「낙화(落花)」, 『언약』, 중앙출판공사, 1976. 10. 15, 88~89쪽.

다음에는 「제야」를 초기, 중기, 후기로 나누어 분석하겠다.
「제야」[80)]는 이영도 시인의 등단 작품이다.

① 초기 시조

밤이 깊은대도 잠들을 잊은듯이
집집이 부엌마다 기척이 멎지 않네
아마도 새날 맞이에 이밤 새우나 부다

아득히 그리워라 내 고향 그 모습이
새로 바른 등(燈)에 참기름 불을 켜고
제상(祭床)에 제물을 두고 밤 새기를 기다리나

벌써 돌아보랴 지나간 그 시절을
떡가래 썰으시며 늙으신 할머님이
눈섶 센 전설(傳說)을 풀어 이 밤 새우시더니

할머니 가오시고 새해는 돌아오네
새로운 이 산천(山川)에 빛이 한결 찬란ㅎ거라
어떠한 고담(古談)을 켜며 이 밤들을 새우노

- 「제야(除夜)」[81)]

---

80) 1946년 5월 1일 이영도는 31세의 나이로《죽순》창간호에 「제야」 발표로 등단했다.

② 중기 시조

밤이 깊은데도 잠들을 잊은 듯이
집집이 부엌마다 기척이 멎지 않네
아마도 새날 맞이에 이 밤 새우나 보다.

아득히 그리워라 내 고향 그 모습이
새로 바른 등(燈)에 참기름 불을 켜고
제상(祭床)에 제물을 두고 밤 새기를 기다리나.

벌서 돌아보랴 지나간 그 시절이
떡가래 썰으시며 어지신 할머님이
눈섶 센 전설(傳說)을 풀어 이 밤 새우시더니.

할머니 가오시고 새해는 돌아오네
새로운 이 산천(山川)에 빛이 한결 찬란커라
어떠한 고담(古談)을 켜며 이 밤들을 새우노?
- 「제야(除夜)」[82]

---

81) 「제야」, 『청저집』, 문예사, 1954. 1. 7, 66~67쪽.
82) 「제야(除夜)」, 『석류』, 중앙출판공사, 1968. 2. 15, 100~101쪽.

③ 후기 시조

눈이 내리네, 타이르듯
갈라선 겨레의 금(線) 위로
_____ ⓐ

멀고도 깊은 원(願)은
백자(白瓷)호롱 타는 심지
_____ ⓐ

메아리
구천(九天)을 사루며
뎅 뎅 인경이 운다.
_____ ⓑ
_____ ⓑ´

아리고 뜨겁던 것들
가라앉은 나달(日月) 속을
_____ ⓐ

굳어진 가슴 위로
버릇 되어 모우는 손길
_____ ⓐ

청맹(靑盲)에
맺히는 이슬은
분노인가 슬픔인가.

− 「제야(除夜)」[83)]

「제야(除夜)」를 초기, 중기, 후기로 나누어 살펴보면 다음과 같은 특징을 지닌다. 첫째 초기와 중기 시조는 4연 연시조인데 후기 시조는 2연 연시조이다. 초기와 중기 시조를 비교하면, 내용은 같다. 1~3연에서는 현재의 세모 풍경을 이미지화하면서 과거 할머니 계시던 때와 다르지 않음을 노래하고 4연에서는 조국의 안녕을 기원하며 작품을 마무리하고 있다. 초기, 중기 시조 모두 장별 배행을 한 것도 같은 점이다. 그러나 초기 시조에 비해 중기 시조에서는 연마다 초장, 중장, 종장으로 시조 1연이 마무리될 때마다 마침표(.)나 물음표(?)를 찍었다. 단어 측면에서 달라진 점은 초기 시조 3연 중장 후구에서 '늙으신 할머님'이라고 한 것을 중기 시조에서는 '어지신 할머니'로 교체하였다. 이러한 점을 볼 때 이영도 시인은 같은 작품을 끊임없이 절차탁마(切磋琢磨)했다는 것을 알 수 있다.

후기 시조는 제목만 같을 뿐 내용과 형식이 완전히 달라졌음을 알 수 있다. 구별 배행을 했으며 '종장 첫 음보 3자'는 독립하여 음보별 배행을 했다. 초기와 중기 시조는 유년 시절 고향의

---

83) 「제야(除夜)」, 『언약』, 중앙출판공사, 1976. 10. 15, 88~89쪽.

세모 풍경을 떠올리며 그리워한 데 비해 후기는 분단된 조국에 대한 슬픔과 통일 염원을 노래하고 있다.

1.2. 초기, 중기 같은 제목 작품 비교

이영도 시인의 중기 시조집 『석류』에는 초기 시조집 『청저집』에 실려있던 같은 제목 작품 36편이 중복하여 실려 있다. 대부분 단순 중복이 아니라 연시조를 정리하여 단시조로 실었으며 장별 배행이던 것을 구별 배행으로 하고 종장 첫 음보 3을 독립하여 배행함으로써 시조의 정체성을 공고히 하고자 한 것으로 분석된다. 중복되는 내용을 표로써 나타내면 다음과 같다.

『청저집』과『석류』의 차이점

차이(『청저집』→『석류』)		제목(달라진 내용)
형식 10편	단시조 장별 배행 → 단시조 구별 배행 + 종장 3음보별 배행	①「봄Ⅱ」
	연시조 장별 배행 → 단시조 구별 배행 + 종장 3음보별 배행	①「맥령(麥嶺)」→ 「보리고개」
	연시조 장별 배행 → 연시조 구별 배행 + 종장 3음보별 배행	①「산(山)」: 띄어쓰기, 온점, 느낌표
	단시조 구별 배행 → 단시조 구별 배행 + 종장 3음보별 배행	「봄비」, ②「추야(秋夜)」, ③「비소리」→ 「빗소리」, ④「새벽」: 띄어쓰기, 온점, ⑤「유성(流星)」: 띄어쓰기, 온점 ⑤「바다」: 띄어쓰기, 온점 ⑥「비」: 온점 ⑦「고가(古家)」 온점
형식과 내용 23편	연시조 장별 배행 → 단시조 구별 배행 + 종장 3음보별 배행	①「봄Ⅰ」2연 : 맺은 매화가지→봉오리 맺은 가지 ②「인경」2연 : 머언 구름 밖으로는 사바(娑婆)도 아쉬워라/ 고달픈 이한밤을 견디어 새운 스님/ 부풀은 가슴을 안고 잠든 쇠를 울리리 → 멀리 구름

형식과 내용 23편	연시조 장별 배행 → 단시조 구별 배행 + 종장 3음보별 배행	밖으로는/ 사바(娑婆)도 아쉬워라// 뻐꾸기 우는 밤을/ 더불어 새운 스님// 무거운/가슴을 밀고/ 잠든 쇠를 울리네.// ③「개구리」2연 : 초장 : 이 밤 → 밤을, 중장 : 눈을 감아도 잠은 아니 오고/ → 쉬어가며 생각나듯/ 울어대는 개구리//, 종장 : 무수한 저 소리 속에 내 소리를 듣는다 → 애끓는/ 그 소리 속에/내 소리가 들린다./) ④「향수(鄕愁)」: 4연 연시조 가운데 3연을 뽑아 단시조로 재구성. 종장 : 청(靑)기와 소슬 대문(大門)도 꿈길 같이 그립소→청(靑)기와/늙은 대문(大門)도/ 두견(杜鵑) 같이 그립네. ⑤「세병관(洗兵舘)」: 4연 연시조를 단시조로 재구성 ⑥「제승당(制勝堂)」: 2연 연시조 가운데 1연만 남김
	연시조 장별 배행 → 연시조 구별 배행 + 종장 3음보별 배행	①「화관」1연 : 초장 : 낙화를 → 꽃잎을, 중장 : 꽃잎을 실에 엮어 나는 화관(花

	연시조 장별 배행 → 연시조 구별 배행 + 종장 3음보별 배행	冠)을 지어 쓰네 → 낙화에 쌓여 나는 화관을 이고 섰네 ②「부활(復活)」 2연 종장 : 즐거운 목숨의 찬가(讚歌) 하늘가로 울린다 → 목숨의/ 우람한 향연(饗宴)/ 울려 오는 찬미(讚美)소리 ③「환일(患日)」 2연 종장 : 곰곰이 지친 이 마음 등(燈)이 도로 외롭다 → 곰곰이/ 지친 마음엔/ 등(燈)이 도로 외롭다. ④「무제」(→「무제Ⅰ」) : 2연 연시조 1연 중장 그 음성가 → 그 음성 2연 중장 머언 창(窓)만 → 먼 창(窓)만 2연 종장 하염없이 보내다 → 하염없이 보내니라. ⑤「하늘」(→하늘 - 피란 길에서) : 2연 연시조 2연 종장 : 하늘 우럴어 섰느뇨→ 하늘 우러러 섰는가? ⑥「머언 생각」(2연 연시조) 1, 2연 종장 : 하옵네다 → 하옵니다. 2연 중장 : 아스라한 → 아슴히

	연시조 장별 배행 → 연시조 장별 배행	⑦「제야(除夜)」(4연 연시조) 3연 중장 : 늙으신 → 어지신 4연 종장 : 세우노 → 세우노?
	단시조 구별 배행 → 단시조 구별 배행 + 종장 3음보별 배행	①「신록(新綠)」: 초장 : 트인 하늘아래 → 푸르른 하늘아래 중장 : 가지마다 → 가지 마다 종장 : 오월(五月)은 절로 겨워라/우쭐대는 이 강산(江山)! → 오월(五月)의/ 슬픔은 저리/ 눈부시게 익어가도…. ②「연(蓮)꽃」: 초장 : 고쳐 보니 → 고쳐 보면 ③「아침」: 종장 : 열린다 → 열리네 ④「열녀비(烈女碑)」: 종장: 어찌ㅎ다 → 어찌해 ⑤「단란(團欒)」: 초장 : 아이는 복습하고 → 아이는 글을 읽고 ⑥「생장(生長)」: 도로 허전 하고나! → 도로 허전 하구나. ⑦「그리움」: 부제목의 유무 : 언니 향원(香園)에게 → × ⑧「무지개」:

단시조 구별 배행 → 단시조 구별 배행 + 종장 3음보별 배행	초장 : 여흰 설흔 해가 → 여읜 그 세월이 중장 : 남은 세월은/ 금수(錦繡)로 사기고저 → 남은 일월(日月)/ 비단 수(繡)로 새기고저 ⑨「병상(病床)」: 자랑이어라 → 자랑이었다. ⑩「고란사(皐蘭寺)」종장 : 두견(杜鵑)은 → 멧새는	
같은 작품 2	「구름」,「순행(巡行)」	
완전히 다른 작품 1	「눈」	
총 36편		

『청저집』에 실린 작품이 『석류』에도 실린 작품은 총 36편이다. 이 가운데 같은 작품은 2편으로 「구름」과 「순행(巡行)」이다. '형식이 달라진 작품'은 「봄Ⅱ」와 「봄비」등 10편의 작품이며 '형식과 내용이 달라진 작품'은 「인경」, 「개구리」등 23편의 작품이다. 형식도 내용도 다른 작품으로는 「눈」이 있다. 좀 더 면밀하게 살펴보기로 하겠다.

1.2.1. 형식이 달라진 작품

형식이 달라진 작품은 4분류로 나눌 수 있다.

첫째, 『청저집』에서 단시조 장별 배행이던 작품이 『석류』에서는 단시조 구별 배행을 하면서 종장 3음보는 독립하여 음보별 배행을 한 경우로 「봄Ⅱ」가 이러한 경우이다. 「봄Ⅱ」는 '(1.1.) 초기, 중기, 후기 같은 제목 작품 비교'에서 살펴보았다.

둘째, 『청저집』에서 연시조 장별 배행이던 것을 『석류』에서는 단시조 구별 배행으로 하고 종장 첫 음보 3은 음보별 배행하여 독립시키고 강조했다. 「보리고개」가 그 예이지만 역시 앞에서 살펴보았다.

셋째, 『청저집』에서는 연시조 장별 배행했던 것을 『석류』에서는 연시조 구별 배행을 하고 종장 첫 음보 3은 음보별 배행하여 시상 전개에서 전(轉)에 해당하는 변환축을 강조했다. 이에 해당하는 작품으로 「산」이 있다.

넷째, 『청저집』에서 단시조 구별 배행이던 것을 『석류』에서도 구별 배행은 하지만, 종장 첫 음보 3을 음보별 배행하여 변환축임을 드러냈다. 이에 해당하는 작품으로는 「봄비」, 「추야」,

「빗소리」, 「새벽」, 「유성」, 「바다」, 「비」, 「고가」 등 8편이 있는데 이들 작품의 공통된 변화는 종장이 끝난 부분에 마침표(.)를 찍었다는 점이며 한글맞춤법에 맞춰 띄어쓰기했다는 점이다. 이 가운데 「빗소리」와 「추야」를 살펴보기로 하겠다.

① 초기 시조

끊으랴 끊일수 없는
너의 깊은 한(恨)을

낙엽(落葉) 흩인 뜰에
이 날도 내리느니

아득히 싹 트인 목숨
헤아리고 앉았다

- 「비소리」[84)

② 중기 시조

끊으랴 끊을 수 없는

---

84) 「비소리」, 『청저집』, 문예사, 1954. 1. 7, 18쪽.

너의 깊은 한(恨)을

낙엽 흝인 뜰에
이 날도 내리느니

아득히
싹 트인 목숨
헤아리고 앉았다.

-「빗소리」[85]

초기, 중기 내용은 같다. 다만 중기 시조에서는 종장 첫 음보 3자를 독립시켜 음보별 배행을 하고 있다. 그리고 초기에는 없던 마침표(.)를 종장 넷째 음보 다음에 찍어 마무리하고 있다. 이러한 현상은 중기 시조 『석류』에서 동일하게 나타나는 현상이다. 초기와 중기에 걸쳐 종장 첫 음보 3자가 다음 음보의 수식어로 사용되지 않았다는 것도 오늘날 시조 창작자들의 작품과 비교해 볼 때 이영도 시조의 특징이라 할 수 있다.

다음에는 「추야」를 대상으로 초기 시조와 중기 시조를 비교·분석해 보겠다.

---

85)「빗소리」, 『석류』, 중앙출판공사, 1968. 2. 15, 42쪽.

① 초기 시조

　　세상(世上) 살이에
　　철 가는줄 잊었던가

　　달빛 서린 장지에
　　낙엽(落葉)이 부딘는다

　　이 해도 저무려 하네
　　등(燈)을 켜고 앉는다

- 「추야(秋夜)」[86]

② 중기 시조

　　세상(世上) 살이에
　　철 가는줄 잊었던가

　　달빛 서린 장지에
　　낙엽(落葉)이 부딪는다

　　이 해도
　　저무려 하네

---

86) 「추야(秋夜)」, 『청저집』, 문예사, 1954. 1. 7, 20쪽.

등(燈)을 켜고 앉는다.

- 「추야(秋夜)」[87]

시조 「추야(秋夜)」를 초기 시조와 중기 시조를 비교해 보면 먼저, 내용이 같은 작품이다. 둘째 종장 첫 음보 3자를 구별 배행한 초기 시조와는 달리 중기 시조에는 음보별 배행하여 독립시켜 배치하고 있다. 셋째 중장 넷째 음보를 초기에는 '부딛는다'로 표기했으나 중기에는 '부딪는다'로 고쳐 표기했다. 넷째, 초기 시조와 달리 중기 시조에서는 종장 넷째 음보에 마침표(.)를 찍었다. 자수를 살펴보면, 초장 13자, 중장 14자, 종장 15자로 총 42자이다.

1.2.2. 형식과 내용이 달라진 작품

다음에는 형식도 변화되고 내용도 변화된 작품을 분석하겠다. 모두 4분야로 나눌 수 있다.

첫째, 『청저집』에서 연시조 장별 배행이던 작품이 『석류』에

---

87) 「추야(秋夜)」, 『석류』, 중앙출판공사, 1968. 2. 15, 34쪽.

서는 단시조 구별 배행을 하면서 종장 3을 음보별 배행하는 작품으로 「봄Ⅰ」, 「인경」, 「개구리」, 「향수」, 「세병관」, 「제승당」 등 6편이다. 이 가운데 「개구리」를 비교·분석하겠다.

① 초기 시조

왁짜히 울었다가 그쳤다 다시 울다
밤이 기울수록 겨워지는 저 소리
갈댓잎 달 그림자도 까딱 하나 않는다

아무도 올 이 없어도 무엔지 그리운 이 밤
눈을 감아도 잠은 아니 오고
무수한 저 소리 속에 내 소리를 듣는다

- 「개구리」[88)]

② 중기 시조

아무도 올 이 없어도
무엔지 그리운 밤을

---

88) 「개구리」, 『청저집』, 문예사, 1954. 1. 7, 19쪽.

쉬어가며 생각나듯
울어대는 개구리

애끓는
그 소리 속에
내 소리가 들린다.

- 「개구리」[89]

초기 시조집 『청저집』과 중기 시조집 『석류』에 실린 시조 작품 「개구리」를 비교해 보면 먼저, 초기에는 장별 배행 연시조였는데, 중기에는 구별 배행 단시조이다. 두 번째, 초기와는 달리 종장 첫 음보 3자를 독립하여 음보별 배행을 했다. 세 번째 초기에는 마침표(.)를 사용하지 않았으나 중기에는 마침표(.)를 사용했다. 네 번째 초기 시조에는 1연에서 개구리 우는 정황을 도입부로 2연을 암시하는 역할을 했으나 2연에서 도입부 없이 바로 개구리 울음소리에서 시적 화자의 심사를 드러내고 있다.

둘째, 초기 시조집 『청저집』에서는 연시조 장별 배행이었지

---

[89] 「개구리」, 『석류』, 중앙출판공사, 1968. 2. 15, 71쪽.

만, 중기 시조집 『석류』에는 연시조 구별 배행을 하되 종장 3자는 음보별 배행을 하는 작품으로는 「화관」, 「부활」, 「환일」, 「무제」, 「하늘」, 「머언 생각」 등 6편이 있다. 이 가운데 「하늘」을 분석해 보기로 하겠다.

① 초기 시조

조국(祖國)과 사랑을랑 다 버리고 갈지라도
저 개인 하늘 두고는 차마 눈 못감아서
잔(盞) 들고 노래나 불러 즐기신다 하더니

바람에 등불처럼 조국(祖國)은 흔들려도
만천(滿天) 성좌(星座)는 저리도 고운 이 밤!
어디메 거나한 발길 멈추고 하늘 우럴어 섰노뇨
— 「하늘」[90]

② 중기 시조

조국(祖國)과 사랑을랑

---

90) 「추야(秋夜)」, 『청저집』, 문예사, 1954. 1. 7, 87쪽.

다 버리고 갈지라도

저 개인 하늘 두고는
차마 눈 못감아서

잔(盞) 들고
노래나 불러
즐기신다 하더니

바람에 등불처럼
조국(祖國)은 흔들려도

만천(滿天) 성좌(星座)는
저리도 고운 이 밤!

어디메
거나한 발길 멈추고
하늘 우럴어 섰노뇨

— 「하늘 - 피란 길에서」[91]

초기 시조집 『청저집』과 중기 시조집 『석류』에 실린 시조 작품 「하늘」을 비교해 보면 초기에는 장별 배행 연시조였는데, 중

---

91) 「추야(秋夜)」, 『석류』, 중앙출판공사, 1968. 2. 15, 34쪽.

기에는 구별 배행 단시조이다. 초기와는 달리 종장 첫 음보 3자를 독립하여 음보별 배행을 했다. 초기에는 마침표(.)를 사용하지 않았으나 중기에는 종장이 끝나는 부분마다 마침표(.)를 사용했다. 초기에 비해 중기 제목에는 부제 '피란 길에서'을 붙여 내용을 구체화하고 있다.

셋째, 초기 시조집 『청저집』과 중기 시조집 『석류』에서 동일하게 연시조 장별 배행하고 있는 작품으로는 「제야」가 있다. 「제야」는 앞에서 분석해 보았다.

넷째, 초기 시조집 『청저집』과 중기 시조집 『석류』에서 동일하게 단시조 구별 배행을 하고 있지만, 다른 점은 중기 시조집 『석류』에서는 종장 첫 음보 3자를 음보별 배행하고 있다는 것이다. 작품으로는 「신록」, 「연꽃」, 「아침」, 「열녀비」, 「단란」, 「생장」, 「그리움」, 「무지개」, 「병상」, 「고란사」 등 10편이 있다. 이 가운데 「아침」을 분석해 보기로 하겠다.

① 초기 시조

    동(東)쪽 창(窓)을 열면
    머언 앞 바다

    오늘도 보람처럼
    펼치는 푸름 위에

    갈매기 안개를 티우며
    또 하루가 열린다

- 「아침」[92]

② 중기 시조

    동(東)쪽 창(窓)을 열면
    머언 앞 바다

    오늘도 보람처럼
    펼치는 푸름 위에

    갈매기
    안개를 티우며

---

[92] 「아침」, 『청저집』, 문예사, 1954. 1. 7, 30쪽.

또 하루가 열린다.

- 「아침」[93)]

초기, 중기에 쓴 시조 「아침」의 내용은 같다. '종장 첫 음보 3자'를 중기 시조에서는 독립적으로 분리하여 음보별 배행을 하고 있다. 그리고 종장 넷째 음보 다음에 마침표(.) 찍어 마무리하고 있다. 자수는 초장 11자, 중장 14자, 종장 16자로 41자이다.

이영도 시조의 형식을 분석한 결과 다음과 같은 결론을 얻었다.
첫째, 초기에는 연시조이던 작품을 중기에는 단시조로 형식 변형을 했다.
둘째, 초기에는 장별 배행을 중기, 후기에는 대부분 구별 배행을 하고 있다.
셋째, 초기에는 문장 부호를 찍지 않았으나 중기, 후기 시조에는 종장 끝에 문장 부호를 찍어 작품을 마무리하였음을 알렸다.
넷째, 초기에 비해 중기, 후기 시조에서는 종장 첫 음보 3자를

---

93) 「아침」, 『석류』, 중앙출판공사, 1968. 2. 15, 59쪽.

독립하여 행을 구분하였다. 이는 기승전결 중 전(轉)의 전환축인 3자를 강조하기 위함이다.

　다섯째, 이영도 시조는 전반적으로 수식이 적고 45자에서 크게 벗어나지 않아 간결하고 명료하다.

　여섯째, 종장 마무리 부분에 마침표(.)를 찍어 명료성을 더했다.

　이러한 여섯 항목을 볼 때 이영도 시인은 시조의 정체성으로 간결성과 명료성을 중요하게 여겼던 것으로 분석된다.

　시조의 정체성인 간결성과 명료성을 준수하면서 함축미[94)]를 전달하기 위해서 이영도 시인은 어떤 표현기법을 사용하고 있는지 다음 장에서 분석해 보기로 하겠다.

---

94) 임종찬, 앞의 논문, 161쪽.
　　서양의 모호성이 뜻의 겹침으로 인해 비롯되는 의미의 다의성의 효과를 말한 것이라면 동양에서는 일찍부터 시는 언어의 함축에서 생명을 얻는다고 하여 함축미를 강조하였다. 함축이란 시인의 사상 감정을 직접 분명히 드러내는 대신 배후에 감추어 둠으로써 그 효과를 증대시키는 수법을 말하는데 그 특징을 정리하면 다음과 같다.
　　첫째, 난잡하여 이해할 수 없는 것은 함축이 아니다.
　　둘째, 함축미에 사용되는 형상은 여백이 충분해야 한다.
　　셋째, 함축을 이루는 기교로는 '완곡한 표현'과 '말 가운데 뜻을 기탁하는 방법' 등이다.

2 표현기법 - 객관적 상관물

앞에서 살펴본 '이영도 시조의 형식'을 통해 시조의 정체성은 간결성과 명료성이라는 것을 주지하였다. 그런데 형식이 간결하다고 의미까지 간결할 수는 없다. 45자라는 시조의 형식 속에 풍부한 의미를 담기 위해서는 언어의 함축미가 절실하다. 동양에서는 일찍부터 시는 언어의 함축에서 생명을 얻는다고 하여 함축미를 강조하였다. 여기서 함축이란 시인의 사상 감정을 직접 분명히 드러내는 대신 배후에 감추어 둠으로써 그 효과를 증대시키는 수법을 말하는 것인데 그 특징은 다음과 같다.[95]

첫째, 난잡하여 이해할 수 없는 것은 함축이 아니다. 여기서 함축이라 하든, 여백이라 하든 의미하는 바는 다르지 않다고 본다. 시에 있어 함축의 성공적인 사례는 배후의 의미를 독자의 상상력으로 해결할[96] 수 있을 때 가능하게 된다. 여백은 일부러 만들어낸 공간이 아니라 건드리지 않은 자연 그대로의 상태, 그래서 비어있지만, 상상으로 채워지기를 기대하는 공간인 셈

---

[95] 이병한 편저, 『중국 고전 시학의 이해』, 문학과 지성사, 1992, 218쪽 참조.
[96] 임종찬, 앞의 논문, 161쪽.

이다. 그래서 여백을 '불언(不言)의 언(言)'이라 하고 독자와의 대화 공간이라 한다.[97] 너무 난잡하여 독자가 함축되어 있는 의미를 알아차리지 못할 때 이는 올바른 함축이라 할 수 없다.

둘째, 함축미에 사용되는 형상은 여백이 충분해야 한다. 너무 많은 수식어를 사용할 경우, 조화와 균형을 잃게 되고 독자는 의미를 찾아가는 길을 잃고 헤매게 된다. 결국 내용을 이해하지 못할 때 독자는 흥미를 잃게 된다.

셋째, 함축을 이루는 기교로는 '완곡한 표현'과 '말 가운데 뜻을 기탁하는 방법' 등이다. 여기서 말은 '객관적 상관물'이 된다. 객관적 상관물을 사용하여 직접적 표현을 피하고 간접적으로 완곡하게 표현한다. 그러므로 표현이나 의미의 여백(餘白)을 남기는 것이다. 일호차착(一毫差錯)이 없고 일말의 여지를 남기지 않는 능변보다 말할 듯 말할 듯한 침묵이 때로는 더욱 아름답지 아니한가.[98]

객관적 상관물(Objective correlative)은 엘리어트가 1919년 그의 저서 『햄릿과 그의 문제들(Hamlet and his

---

97) 임종찬, 앞의 논문, 162쪽.
98) 이희승, 『중국고전 시학의 이해』, 집문당, 2004, 132~133쪽 참조.

Problems)』에서 사용한 용어이다. 이 글에서 엘리어트는 감정을 예술의 형식으로 표현하는 유일한 방법이란 곧 객관적 상관물을 발견하는 것이라고 주장했다. 그가 이야기하는 객관적 상관물이란 "특정한 정서의 공식이 되는 일군의 사물·상황·일련의 사건"이며, "바로 그 정서를 유발하도록 주어진 외적인 요인들"이다. 즉, 시에서는 표현하고자 하는 정서를 그대로 나타낼 수 없으며 어떤 사물·상황·사건을 빌어야 한다는 것이다. 이때 동원된 사물·상황·사건을 '객관적 상관물'이라 부를 수 있으며, 작품 속의 이미지·상징·사건 등으로 나타난다고 할 수 있다. 엘리어트는 예술이 개인감정의 직접적 표출이 되어서는 안 되며 객관화의 과정을 거쳐 표현되어야 한다고 생각했다. 객관적 상관물은 개인감정의 예술적 객관화를 수행하며, 나아가 시와 현실 사이에 존재하는 심리적 거리를 나타낸다.[99)]

  엘리어트에 따르면 "감수성에서 이성과 감성의 분열화"는 개인의 감성과 이성을 분리시켜 스스로를 더욱 객관적으로 인식

---

99) 문학비평용어사전. 검색일: 2024. 10. 6.
 https://terms.naver.com/entry.naver?docId=1529525&cid=60657&categoryId=60657

하는 방법으로, 시인은 자신의 내적 감정을 통제하여, 자기부정을 통해 스스로의 감정에 함몰되는 것을 막으려 시도하고, 또한 정서 표출적인 시 창작법으로부터 "도피"하여, 이성적 세계에 진입하여 시적 감동을 새롭게 전하고자 한다.[100]

엘리어트에게 있어 시는 개인의 개성을 표현한 것이 아니라, 도리어 개성으로부터 벗어나며, 이때 '객관적 상관물'은 일상적인 개인의 정서와 시적 정서를 구분 짓게 해주는 개념이다. 개인적인 감정이 예술적으로 되기 위해서는 시적인 변환이 필요한데, 이 과정에서 객관적 상관물은 정서를 개인의 개성을 넘어 미적 언어로 형상화하는 데 중요한 역할을 하는 것이다.[101]

예를 들면, 김소월의 「진달래꽃」은 분명히 김소월의 개인적 정서와 관계가 있으나, 이별하는 남녀 관계에서 버림받는 여자가 혼자 말하는 객관적 정황을 마련하고 있는데, 바로 이 정황이 김소월의 개인적 감정의 객관적 상관물이 된다. 슬픈 감정을 그냥 '아아 슬프다!'고 토로하는 것은 객관화되지 못한 것이다.

---

100) 이현정, 앞의 논문.
101) 최나영, 「로렌스의 형이상학적 기상: 엘리어트의 로렌스 비평 다시 보기」, 『D.H.로렌스 연구』 23, 한국로렌스학회, 2015, 79쪽 참고.

문학은 개인의 감정과 사상의 표현이라고 하는 흔한 정의는 객관적 상관물 이론, 넓게는 예술적 거리 개념으로 크게 수정되었다.[102)]

「진달래꽃」은 시적 화자의 슬픈 "정서"를 표현하고 있으나, 이별한 연인에게 "슬프다!"는 정서를 직접적으로 말하는 것이 아니라, 슬픈 감정을 억누르며 간접적인 방법으로 표현하고자 오히려 떠나는 님을 고이 보내드리기 위해 진달래꽃을 뿌려주겠다고 말한다. 여기서 '진달래꽃'이라는 이미지는 시 속의 "객관적 정황"을 표현하는 "객관적 상관물"이 된다. 이러한 방법은 화자와 시적 정황의 "예술적 거리"를 객관적으로 확보함으로써, 작가는 자신의 감정을 최대한 절제하는 방식을 취하는 것이다. 작가는 작품과 자아의 "거리"를 확보하여, 스스로의 감정에 빠지지 않고, 감정을 보다 객관적으로 바라보고 판단하여 새로운 시적 언어를 창작하게 되는데, 이는 독자가 새로운 방식의 환기와 감동을 경험하길 바라는 것이다.

또한 여기서 이미지란 우리의 감각에 호소하는 것으로 시가

---

102) 이상섭, 『문학비평용어사전』, 민음사, 1976, 17쪽.

구체적이라고 말할 수 있는 하나의 방법[103]이며 상상력이 문학의 세계와 연관을 가지고 작품을 만들어 낼 때 드러나는 특유한 의미의 양식이다. 이미지는 상상력을 배제한 채로 접근하기는 어려운 것이다. 상상력은 이미지를 만들어내는 모체이며 그것을 통해서 시적 대상이 이미지로 언어화될 수 있기 때문에 우리가 시 작품을 분석할 때 이미지의 측면에서 접근한다는 것은 작품에 나타난 작가의 상상력을 알아내는 것과 동일한 것이다.

우리의 고시조가 그러하듯 객관적 상관물은 대부분 자연에서 가져온다. 인간과 자연의 관계가 불가분의 관계라면, 인간을 표현하는 문학과 자연의 관계 또한 뗄 수 없는 관계이다. 자연을 표현함으로써 인간을 표현하는 것이 바로 문학이라는 것이다.[104]

이영도 시조 작품에서 객관적 상관물 적용 양상을 분석함으로써 간결한 단시조 형식이지만 풍부한 의미 함축이 가능함을 논증을 통해 확인하도록 하겠다.

---

103) 김준오, 『시론』, 문장사, 1982, 105쪽.
104) 윤광민, 「고시조에 나타난 꽃 연구」, 성심여대 대학원 석사학위논문, 1986, 2쪽.

이영도 시인은 시조 창작을 하기 전에 수필을 창작하는 수순이 있었던 것으로 추론된다. 수필은 시조의 해설 역할이기도 하고, 시조 창작의 산실이기도 하다. 따라서 이영도 시조에서 객관적 상관물을 분석하는 데 관련 수필을 참조한다.

먼저 시조 작품 「비」에는 어떤 형태로 객관적 상관물이 적용되어 있는지 분석해 보기로 하겠다.

    그대 그리움이
    고요히 젖는 이 밤

    한결 외로움도
    보배냥 오붓하고

    실실이 푸는 그 사연
    장지 밖에 듣는다

- 「비」[105]

종일을 실실히 봄비가 내린다.
지난 한밤을 꼬박 내 머리맡 창밖에서 소곤 소곤 속삭이듯 어쩌

---

[105] 이영도, 시조집 『청저집』, 문예사, 1954, 40쪽.

면 원정하듯 타이르듯 그렇게 그칠 줄 모르는 기도처럼 간절하던 사연이 오늘도 진종일을 두고 생각하며 생각하며 한결같이 내리기만 한다.

커-텐을 걷고 마루에 앉으니 유리창 밖으로 보오얗게 풍겨 들어오는 시야(視野)가 그대로 어질기 한량없는 표정들이다.

산도 들녘도 마을도 어느 하나가 고운 수심에 어려있지 않은 것이 없고, 거리를 지나 가는 인간이며 길섶에 지켜선 풀포기 하나 까지 어느 것 하나 고개 숙이지 않은 것이 없고 먼 기적소리 교회 종소리에도 눈물 젖지 않는 음향이 없어 왼통 천지의 안팎이 그냥 참회하는 마음과 겸허한 자세로 조용히 젖어 대령하고 있는 것이다.

- 「봄비」[106)]

시조 작품 「비」에서 '비'는 시적 화자의 마음을 객관적으로 드러내는 객관적 상관물인 동시에 시적 화자의 마음을 행복감에 젖게 하는 대상이기도 하다. '비'는 사랑하는 사람일 수도 있고 이영도 시인이 믿고 있는 하나님일 수도 있다. 이 작품에 나타난 '그리움'이나 '외로움'은 객관적 상관물인 비로 인해 고운 수심으로 순화되며 겸허한 자세로 젖게 된다. 시조 「비」와 수필

---

106) 이영도, 수필집 『춘근집』, 청구출판사, 1958, 3쪽.

「봄비」를 창작한 때는 청마 유치환이 생존해 있던 시기로 청마와 정운의 사랑이 무르익어 간 때라 추론된다. 어쨌든 객관적 상관물인 '비'를 가져와 시인의 정서를 드러냄으로써 함축미를 드러냈다고 볼 수 있다. 그리고 시인의 감정을 객관적으로 드러냄으로써 시적 분위기는 훨씬 안정적이다.

다음에는 시조 「코스모스」와 수필 「코스모스와 더부러」를 비교하면서 시조 「코스모스」를 분석해 보기로 한다.

차라리 피빛 아니면
하얗게 피고 싶어

항시 먼 그리움에
길 든 여윈 몸매

물 같은
가을 바람에
하늘대는 옷자락.

- 「코스모스」[107]

---

107) 「코스모스」, 『석류』, 중앙출판공사, 1968, 37쪽.

"코스모스 빛갈이 더욱 가냘프게도 고와 옵니다. 우리는 파인(巴人)의 해당화가 아니라 가을이면 온 앞 뒤 뜰에다 코스모스를 심거 피우다 삽시다. 이것이 끝내 나의 꿈으로만 그치는 것이 겠읍니까?"

 이것은 내가 코스모스를 좋아한다는 것을 알고 있는 M에게서 온 요지음 편지의 한 구절이다.

(중략)

 내 목숨도 이제 코스모스처럼 화안히 피어나 난만히 자랑을 퍼뜨릴 수 있는 계절이 닿아 올 것만 같은 공연히 마음 뻐근함을 느껴 보다가도 이내 가만히 그 하나하나의 가냘픈 꽃잎과 여윈 몸매가 창창한 추청(秋晴)을 배경하고 하늘대는 모양을 바라보고 있으면 모두가 사모치는 호소를 그 가슴 속에 담고 있는 것만 같애 그만 눈시울이 뜨끈해지는 것이다.

 인정 세태가 추하고 미울수록 내게는 이 슬프도록 맑고 고운 것들이 눈물겨운 애련이 아닐 수 없다.

(중략)

 하루의 직무에 고달픈 몸을 쉬이며 코스모스가 피어 엉클어진 뜰에 나란히 의자를 놓고 시절 이야기, 고서(古書) 이야기, 자라나는 아이들의 지혜 같은 온갖 희망스러운 이야기를 서로 나누며 한 쌍의 나비처럼 즐거운 영혼을 안주(安住)하는 그러한 황혼을 눈앞에 그려 본다. 얼마나 미소로운 인생이겠는가?

　그러나 M의 사연과 같이 이 지극히 적은 나의 소망도 끝내 이루지 못하고 말 생애가 될는지도 모르는 것인가 생각하니 새삼스리 내 인생이 그지없이 덧없어지는 것이다.

　인간 세상이란 인간의 진실을 끝내 허무케 하는 모순의 저자로만 내게는 보여 왔기 때문이다. 나는 오늘날 나의 경륜을 스스로 믿어 보지 못하는 불행을 지닌 인간이다. 건강에, 인격에, 사랑에, 또한 조국에 인간으로서의 어느 욕망과 이상에도 나는 아직 이루어 본 기억을 갖지 못하기 때문이다.

　코스모스가 아름답게 필수록 내 꿈이 황홀해지고 코스모스가 슬플수록 내 인생이 외로와지는 것은 나의 서정적인 생리의 소치려니와 코스모스가 가져오는 그 아득한 또 하나의 음향만은 그대로 나의 꿈이요, 보람이요, 간절한 생명의 설계인 것은 어쩔 수 없는 아직도 지니고 가야 할 내 인생의 서른 훈장이 아닐 수 없다.

-「코스모스와 더부러」[108)

　중장은 항시 그리움에 길든 여윈 몸매를 지닌 코스모스의 이미지를 객관적 상관물로 하여 시적 화자인 자신을 거리감을 두고 드러낸다. 항상 그리움에 목이 마른 것은 청마 유치환이 처

---

108) 이영도, 수필집『춘근집』, 청구출판사, 1958, 32~34쪽.

자를 둔, 유부남인 까닭에 사랑하는 마음을 억눌러야 했기 때문인 것으로 분석된다. 그러한 까닭에 종장에서는 코스모스 속에 함축되어 있는 시적 화자는 "물 같은/ 가을 바람에/ 옷자락뿐만 아니라 마음도 흔들린다.//"

다음에는 시조「유성」과 수필「유성」을 비교하면서 시조 작품「유성」을 분석하도록 하겠다.

  밤 마다 긴 세월을
  뜬 눈으로 밝히더니

  아득한 꿈길처럼
  기약 없는 그리움에

  구만리(九萬里)
  창창(蒼蒼)한 속을
  뿌리치고 내려라.

            -「유성(流星)」[109]

내 마음에 흐르는 별은 언제나 기구의 대상이 되어오고 있다.

---

109) 이영도, 시조집 『석류』, 중앙출판공사, 1968, 61쪽.

유성이 지는 순간, 그 별을 향해 비는 원(願)은 이루어진다는 전설이 진정 허황하면서도 마음속에 간절한 원을 지닌 목숨들에게는 그 전설이 지닌 미학(美學)은 신앙처럼 경건케 하는 순간이다.

일찌기 나는 사랑하는 이와 더불어 흐르는 별똥을 향해 아픈 기원을 나누어 왔다.

우리들의 목숨이 같은 날, 같은 시간에 죽어서 멀고도 창창한 영겁(永劫)의 길을 동반할 수 있기를 빌었던 것이다.

그러나 뜻하지 않은 죽음으로 하여 본의(本意) 아닌 배신을 그는 저질렀고 남은 나는 함께 우러르던 그날의 성좌를 버릇처럼 우러러 섰다.

이제 나는 유성을 두고 어떠한 원력(願力)을 세울 것인가.

너무 많으면서도 하나를 택하기 어려운 원은 오직 죽음의 문제 그것뿐이다.

나는 어머님께서 타계(他界)하신 다음, 그 분의 소원인 49재(齋)를 거룩하게 마친 밤에 내가 죽을 수 있었으면 싶다.

-「유성」[110]

『청저집』에서는 장별 배행으로 실렸다가 『석류』에는 구별,

---

[110] 이영도, 대표에세이 『그리운 이 있어 내 마음 밝아라-나의 그리움은 오직 푸르고 깊은 것』, 문학세계사, 1986, 238쪽.

음보별 배행으로 형식만 바꿔 실은 작품이다. 시조 「유성」에서 종장 '구만리/ 창창한 속을/ 뿌리치고 내려라.'는 유성이 떨어지는 이미지를 그리고 있으며 이영도 자신의 죽음을 상징한다. 그러나 시조 「유성」이 청저집에 실린 것으로 보아 수필을 일찍이 써 놓은 것으로 추론된다. 다만 『청저집』에서의 '유성'이라는 객관적 상관물은 『석류』에서와 달리 청마와 함께 '같은 날, 같은 시간에 죽어서 멀고도 창창한 영겁(永劫)의 길을 동반할 수 있'는 것이다. 이러한 내용을 위에 나온 수필 「유성」에서 확인할 수 있다.

이어서 시조 「탑(塔) Ⅲ」과 수필 「애련(哀憐)의 장(章)」 일부를 분석하도록 하겠다.

너는 저만치 가고
나는 여기 섰는데……

손 한번 흔들지 못한 채
돌아선 하늘과 땅

애모(愛慕)는

사리(舍利)를 맺쳐
푸른 돌로 굳어라.

- 「탑(塔) Ⅲ」[111]

창창한 목숨이었읍니다. 통곡도 모자라는 열모(熱慕) 속에 안으로 맺혀 가던 노래의 씨가 사리(舍利) 되어 여기 조국의 하늘을 이고 영원히 굳어 갈 그대와 나! 희구는 끝내 저승에서만 이루어지는 발원이었던 것입니다.

부처님의 고독하신 자비가 아니라, 사랑의 목마름이 응혈(凝血) 되어 마침내 두 덩이 부도(浮屠)일 수밖에 없읍니다.

사위는 놀을 이고 여위어 가는 탑(塔)일 수밖에 없읍니다.

- 「애련(哀憐)의 장(章)」 일부[112]

시조 「탑(塔) Ⅲ」과 수필 「애련(哀憐)의 장(章)」은 청마 사후, 애간장이 녹는 듯한 슬픔을 객관적 상관물인 '탑'을 빌려 드러내고 있다. 청마가 이영도에게 보낸 편지 중 일절에 이승에서 함께하지 못한 사랑을 저승에서 맺자는 내용이 있다. "사랑하

---

111) 이영도, 시조집 『석류』, 중앙출판공사, 1968, 83쪽.
112) 이영도, 대표에세이 『그리운 이 있어 내 마음 밝아라-머나먼 사념의 길목』, 문학세계사, 1986, 187쪽.

는 나의 운!/ 언제고 내가 당신을 안고, 또 당신한테 안겨서 죽을 수 있을 날이 기다려지며, 그날에야 내 목숨 내 생애가 얼마나 영광스럽겠습니까?"[113] 이 말을 해 놓고는 먼저 가버린 무정한 사람을 책(責)하며 외로움을 더 굳은 사랑으로 굳히고 있다. '손 한번 흔들지 못한 채/ 돌아선 하늘과 땅//'에서 느낄 수 있는 것처럼 청마와 이영도는 죽음과 삶으로 서로 엇갈렸지만 변하지 않는 사랑은 '사리'가 되었으며 점차 쌓이면서 탑이 되어 우뚝 솟았다.

눈이 부시네 저기
난만히 멧등 마다

그 날 쓰러져 간
젊음 같은 꽃사태가

맺혔던
한(恨)이 터지듯
여울 여울 붉었네.

---

113) 최계락 엮음, 『유치환 서간집 사랑했으므로 행복하였네라』, 중앙출판공사, 1967, 249쪽.

그렇듯 너희는 지고
욕(辱)처럼 남은 목숨

지친 가슴 위엔
하늘이 무거운데

연련히
꿈도 설워라
물이 드는 이 산하(山河).

- 「진달래 -다시 4.19 날에」[114]

  4.19는 지나간 역사이지만 해마다 4월이 되면 멧등마다 선연히 피는 진달래를 객관적 상관물로 가져와 4.19날에 총칼에 스러지던 젊은이들 사태(무더기)를 이미지화한다. 이영도 시인이 발견한 멧등을 뒤덮은 꽃 사태인 날시와 4.19날에 스러져간 젊은이들 사태 사이에는 이영도 시인의 상상이 내재되어 있다. 상상을 전환축으로 하여 현실에서 깨달음의 세계로 옮겨간다.
  4.19의 젊음들은 갔지만 현 기성세대나 신세대에게 요구하

---

[114] 이영도, 시조집 『석류』, 중앙출판공사, 1968, 96~97쪽.

는 역사적인 책임을 그는 '지친 가슴 위엔/ 하늘이 무거운데//'
라고 표현하고 있다. 봄을 선구하는 진달래는 민족의 꽃이었던
젊은이들을 애도하고 새롭게 사람마다의 가슴에 되살아 피길
소원한다.[115]

이영도는 직선(直線)의 정신(精神)을 소유한 분이었다. 부정
(否定)한 어떤 일에도 타협을 거부하고, 사리에 흑백을 따지며
언제나 쇳소리가 날 것 같은 곡선보다 직선에 가까운 사람이었
다. 이것은 저항정신이 강한 것을 의미하기도 한다. 조상 대대
로 철저한 저항 정신이 흘렀던 그의 가계에서 그의 오빠 이호우
도 해방 후 불의·정의의 사회와 정치 풍토에서 타협할 수 없는
대구일보·대구매일신문 등 언론기관에 관여했던 언론인으로서
비판과 저항정신의 기치를 높이 쳐들었다.[116]

휘어질망정 부러지지 않는 반듯하게 뻗은 선 – 정신의 찬란
한 불씨는 증조부에서부터 조부로 이어져 내려온 선. 그 선은
이영도에게 곧장 이어진다. 그 선은 바야흐로 이영도의 예술에

---

115) 신미경, 앞의 논문, 94쪽.
116) 신용대, 「이호우 시조의 연구」, 고려대학교 교육대학원 석사학위논문,
　　　1977, 11쪽.

절대적인 조형미를 이룩했다고 하겠다.[117]

　이영도는 그 선(線)을 자유자재로 구사했다. 마치 노련한 조련사가 야생동물을 길들이듯이, 그가 길들인 선은 곡예사가 줄을 탈 때 같은 그런 위험을 안은 채 교묘하게 빠져나와 우리 앞에 뚜렷이 부각되었던 것이다. 그 선은 직선으로 표출되기도 했으며, 때로는 사선곡선, 수직선 등으로 모습이 변형되기도 했었다. 그러나 그 변형된 선은 유형이 다를 뿐 항시 직선이었다. 그는 사람들의 눈을 피하기 위해서 그러한 '선'을 도입했지만 우리는 단번에 미동하는 선을 간과할 수 있는 것이다.[118]

　다음에는 시조「달무리」와 수필「모정(母情)은 달무리처럼 － 다시 어머니날에」,「어머님께」를 분석해 보기로 하겠다.

　　　우러르면 내 어머님
　　　눈물 고이신 눈매

　　　얼굴을 묻고
　　　아, 우주(宇宙)이던 가슴

---

117) 조현경,『사랑은 시(詩)보다 아름다웠다』, 영학출판사, 1984, 193쪽.
118) 조현경,『사랑은 시(詩)보다 아름다웠다』, 193쪽.

그 자락
학(鶴)같이 여시고, 이 밤
너울 너울 아지랭이

- 「달무리」[119]

이 세상에서 가장 귀한 이름은 어머니일 것이다.

가장 그리운 이름도 어머니요, 가장 반가운 이름도 역시 어머니일 것이다.

그리고 가장 슬픈 이름, 가장 아프고 애달픈 이름도 역시 어머니일 것이다.

불러보면 불러볼수록 사무치게 그리운 어감(語感)은 우리의 심령을 조용한 가락 속으로 감싸주고, 그 어진 눈매는 우리의 온갖 피로와 고독과 방황과 짜증을 안도의 세계로 이끌어 주는 고운 손길이 아닐 수 없다.

(중략)

내게도 늙으신 어머님이 계신다. 지금 어머님께서는 조용히 잠이 드셨고 그의 곁에서 나는 이 글을 쓰고 있다.

붓을 놓고 잠드신 모습을 바라보고 앉았으니 늙고 주름지신 얼

---

[119] 이영도, 시조집 『언약』, 중앙출판공사, 1976, 13쪽.

굴과 꺼져 들어간 눈언저리며 여위고 가냘픈 가슴과 손등……. 어느 한 곳 옛날의 그 풍성하고 부드럽던 감촉의 자취는 찾을 길이 없어졌다.

　진실로 얼굴을 묻으면 내게는 전 우주(宇宙)보다 넓고 포근하던 가슴! 그 어진 눈매 위를 달무리처럼 촉촉하던 살쩍 곱던 이마가 떠 오르기만 한다. 목메이게 곱던 그 이마가…….
　　　　-「모정(母情)은 달무리처럼 - 다시 어머니날에」[120]

　차분히 가라앉는 날, 거칠은 바람기 같은 것들이 밀려 물러앉는 날은 촉촉히 저녁 하늘을 열고 달무리가 서립니다. 달무리를 우러러 서면 그 둥근 후광 속으로 먼 옛날 어머님, 당신의 새댁적 얼굴이 박꽃같이 웃고 계십니다.
　바람둥이 남편은 떠도는 구름일 뿐 층층시하에 고달팠던 하루가 저물면 어리광으로 기댈 애정 하나 없는 외롭고 허전한 정한(情恨)을 오직 바늘 끝에 맡겨 푸시다가, 밤 깊어 자리에 들면 막내둥이 저의 어깨를 어루만지시며 속으로 뱉던 핏빛 한숨, 그 물기 어린 눈매가 오늘 밤 허공에 높이 후광처럼 저의 서정을 윤색하고 있습니다.

---

[120] 이영도, 수필집 『나의 그리움은 오직 푸르고 깊은 것』, 중앙출판공사, 1976, 67~69쪽.

내 이 밤, 세상에 시달리고 할퀴어 피 낭자한 가슴을 안고 우러러 하늘 아래 서면 그 옛날 박꽃 같던 어머님 모습은 그대로 학(鶴)의 나래!

긴 목에 여윈 손등은 산맥 같은 주름이 겹치어도 그 자락은 상기 아늑한 요람인 아지랭이, 봄 볕 속에 너울너울 아지랭이로 번지고 있읍니다.

- 「어머님께」[121)]

달무리는 어머니의 눈물 고인 눈매이며 시적 화자가 얼굴을 묻고 싶은 어머니의 따뜻한 품안이기도 하다. 그리고 온갖 피로와 고독과 방황을 안도의 세계로 이끌어 주는 고운 손길이기도 하다. 시인은 달무리를 객관적 상관물로 가져와 어머니를 간접적이고 함축적으로 노래하고 있다.

마지막으로 시조 「모란」과 수필 「모란」을 비교 분석하는 가운데 객관적 상관물이 어떤 작용을 하고 있는지 살펴보도록 하겠다.

---

121) 이영도, 대표에세이 『그리운 이 있어 내 마음 밝아라 - 머나먼 사념의 길목』, 문학세계사, 1986, 181쪽.

여미어 도사릴수록
그리움은 아득하고

가슴 열면 고여 닿는
겹겹이 먼 하늘

바람만
봄이 겨웁네
옷자락을 흩는다.

- 「모란」[122)

   만개(滿開)한 모란을 바라보고 있으면 꿀꺽 꿀꺽 목을 메우는 슬픔이 가슴을 아려든다.
   나른한 봄볕이 뜰을 내려 쌓이는 오후! 그 큼직한 화판을 활짝 열고 무언가 기다림에 지친듯한 모습은 허전하기 이를 데 없는 적막을 안겨 주기 때문이다.
   특히 먼 산에서 치렁치렁 울어대는 멧비둘기 소리가 곁들이게 되는 날엔 무너지는 왕국의 비애 같은 것이 느껴져 옛사람들이 모란을 일러 화중왕(花中王)이라 이름을 붙인 그 깊은 운(韻)을 다시

---

122) 이영도, 『언약』, 중앙출판공사, 1976, 45쪽.

금 씹게 하여 준다.

　생각하기에 따라선 모란의 화려한 색채와 크고 넉넉한 송이의 모양에 맞춰 꽃 중에서도 왕이란 칭호의 권위를 붙였는지 모르지만 더 깊은 속뜻을 헤아리면 그 화려한 꽃송이의 권위만큼의 적막의 무게를 왕좌(王座)에 비유했으리라 여겨진다.

　해마다 5월이 오면 나는 하루의 틈을 내어 덕수궁 모란을 보러 간다.

　고궁에 가서 궁 뜰을 장식한 모란 앞에 서면 적적히 숨결을 삼킨 회한(悔恨)의 골을 울고 가는 먼 천뢰(天籟) 소리!

　그 아련한 운율에 가슴을 적시며 하염없는 시간에 스스로를 맡겨 저물기도 한다.

　더욱 두 손을 모으고 하늘을 우러러 선 꽃봉오리들의 어여쁜 자색(姿色)들의 무수한 발돋움들은 젊은날의 안타깝던 내 꿈의 그리움을 일깨워 주고, 먼 그날 어느 간절한 손길을 기다리며 함초롬히 지키던 심문(心紋)을 돌이켜 헤아리게 하여 준다.

　정녕 모란 봉오리들의 꿈, 그 아늑한 동경(憧憬)이 진실했음으로 하여 한결 더한 개화(開花)의 적막! 그 알뜰히도 여며 온 도사림의 지조를 채워주는 것이라곤 아무것도 없다.

　오직 희멀건 하늘의 권태를 에운 허망의 심중을 설레는 바람의 몸부림만이 혼자 몸을 흔들고 있을 뿐이다.

모란 앞에 서서 나는 내 인생의 낙일(落日)을 생각해 본다.

아직도 활짝 개화하지 못한 채 아득히 서정(抒情)의 푸르름을 이고 그리움에 야위어 가는 내 목숨의 자세가 꽃잎에 겹쳐 흔들리고 있다.

그러나 나의 낙일은 결코 낭장한 꽃잎을 객혈(喀血)처럼 쏟아 뿌리는 모란 같은 모습으로 지고 싶지는 않다.

자취없이 소리없이 그렇게 곱게 지고 싶어진다.

만개한 모란 앞에 서면 언제나 가슴에 젖이 괴듯 쨍하게 아려드는 슬픔!

그 슬픔을 씹으러 나는 해마다 5월의 하루를 고궁에서 보내고 있다.

- 「모란」[123)]

모란은 언제나 그리움을 안고 사는 시적 화자의 모습이다. 모란이 꽃잎을 여미어 도사리듯이 시적 화자의 그리움도 안으로 다스리고 억눌렀지만 그럴수록 더욱 간절한 그리움이다. 꽃잎에 하늘이 닿듯이 이루고 싶은 소망도 많지만 끝내 이룰 수 없

---

123) 이영도, 대표에세이 『그리운 이 있어 내 마음 밝아라 - 나의 그리움은 오직 푸르고 깊은 것』, 문학세계사, 1986, 240~241쪽.

이 사는 것이 힘이 든다고 해석할 수 있다. 모란은 시적 화자의 객관적 상관물로 작용하고 있다. 모란과 시적 화자는 함축되어 있어 모란을 노래하지만 그 내면에는 시적 화자의 모습이 중첩되어 있다.

   본장에서는 이영도 시조의 형식과 표현기법에 대해 살펴보았다. 그 결과 이영도 시조는 다음과 같이 요약할 수 있다.
   첫째, 수식어를 최소화하여 45자에서 크게 벗어나지 않아 간결성을 유지하고 있음을 분석하였다.
   둘째, 대부분 단시조로 시조성을 유지했다.[124]
   셋째, 종장 첫 음보 3자를 독립하여 음보별 배행을 하여 기승전결의 전(轉)의 시작점인 전환축을 중요시 여김으로써 시조 정체성을 살렸다.
   넷째, 객관적 상관물을 적용하여 함축미를 추구했다.

---

[124] 고시조도 대부분 단시조며 3장 6구 12음보 45자이다.

Ⅳ. 디지털 시대와 시조 문학

오늘날, 시조단에서는 단시조 창작보다는 연시조 창작이 주류를 이루고 있으나 전통적 의미에서의 연시조 창작은 극히 드물다. 전통적인 연시조는 하나의 제목 아래 독립적인 여러 수의 작품을 제시하고 있다는 점에서 오늘날의 연시조는 전통적인 의미에서의 연시조로 볼 수 없다. 그럼에도 불구하고 오늘날 거의 모든 수상작이 새로운 형태의 연시조임을 부정할 수 없다.[125]

이러한 현상은 20세기 초 가람 이병기가 '시조 혁신론'을 통해 연시조 창작을 독려한 결과이다. 그 당시 "당대인들의 복잡다단한 정서를 담기에 시조의 그릇이 너무 적다."라는 이유로 시조를 기피했으며 근대문학의 장에 시조를 복원하려고 했던 이른바 '시조부흥운동'조차 당대에는 현저한 수세를 띠고 있어 근대적 주체들로부터 상대적 외면을 받아왔기 때문이다.[126]

---

125) 장경렬, 앞의 논문, 234쪽.
126) 유성호, 앞의 논문, 164쪽.

그러나 오늘날 컴퓨터와 가상공간인 인터넷이 발달하면서 디지털 시대로 진입했고 20세기 초와는 달리 전반적으로 짧은 글을 선호하는 추세다. 문자는 최소화하고 문자 대신에 영상과 음향이 접목된 디카글쓰기, 멀티글쓰기 등이 발달하였기 때문이다.

정몽주의 작품에서 확인할 수 있듯이 초창기의 시조는 형태상 단시조였다.[127]

따라서 시조의 본령을 찾아 다시 짧아져야 하겠다. 이제 '근대(近代)'에 대한 반성을 토대로 우리가 잃어버린 시조의 원형에 대해 탐색하려 하는 이른바 반(反)근대의 열정이 어느 때보다 두드러져야 하겠다. 시조의 양식적 가능성이, 율격 해체나 무분별한 언어 과잉에 가까운 최근 시적 흐름에 대해 반성을 해야 할 때다.[128]

이러한 시기에 민병도 계간 《시조 21》 발행인이 2023년 제정한 '한국 단시조 문학상'은 괄목할 만하다. 시조시인이기도 한 민병도 발행인은 "단시조가 시조의 본령으로 겨레의 정신과

---

127) 장경렬, 위의 논문, 234쪽.
128) 유성호, 위의 논문, 165쪽 참조.

사상, 미학 질서를 온전히 담아온 자랑스러운 문학 자산이며, 시조의 정체성 훼손이 번다한 지금이야말로 단시조의 새로운 평가와 계승이 절실하다."라며 문학상 제정 배경을 밝혔다.[129)]

한편, 자유시단에서는 2000년대 초부터 이상옥을 필두로 디카시가 창작되었고 현재 해외는 물론 국내에서도 빠르게 확산되고 있다. 무엇보다 창작 과정이 쉽고 재미있기 때문이다. 국내 전국 지자체에서 앞다투어 공모전을 개최하고 있다.

하이쿠가 일본인의 삶에 일상화되어 있듯이 시조도 한국인의 삶에 일상화되어야 한다. 고시조는 어느 정도 우리 삶에 일상화되었다고 볼 수 있다.[130)]

그러나 현대시조는 존재조차 모르는 경우가 허다하다. 여러 가지 이유가 있겠지만 그 가운데 하나는 율격 해체나 무분별한 언어 과잉으로 자유시와의 경계가 모호해졌으며 무엇보다 일

---

129) 노진규 기자, 대경일보(https://www.dkilbo.com), 2023.11.30.
130) 장경렬, 앞의 책 226~227 참조.
　　성공회 사제로 1954년 한국으로 와서 20여 년의 세월을 보낸 리처드 러트(Richard Rutt)의 진술에 의하면 고시조는 한국인의 삶에 깊이 뿌리를 내리고 있다는 것이다. 이런 면에서 한국인의 삶에서 고시조가 차지한 위치는 일본인의 삶에서 하이쿠가 차지하는 위치와 크게 다를 것이 없다.

반인들이 접근하기에는 너무 어렵다는 데 있다. 따라서 앞장의 이영도 시조에서 살펴보았듯이 현대시조도 간결하고 명료하고 함축적인 형태를 유지해야 할 것이다. 그 대안으로 디카시조를 제시할 수 있겠다.

앞에서 언급했듯이 우리 시조단의 원로 시조시인 이상범은 2007년 디카시조집 『풀꽃시경』을 발간한 후 최근까지 꾸준히 디카시조집을 상재하여 9편[131]에 이르렀다. 이상범은 현대시조의 양면성인 시조성과 현대성을 다양하게 시험해 오고 있는 대표적 시인이다.[132] 그의 디카시조 「케이블카에 스친 인연」을 분석해 보겠다.

---

131) 이상범, 『꽃에게 바치다 (이상범 시집)』, 토방, 2007.
　　　, 『풀꽃시경 (이상범 시집)』, 동학사, 2011.
　　　, 『햇살시경 (이상범 시집)』, 동학사, 2012.
　　　, 『하늘색 점등인 (이상범 시집)』, 고요아침, 2014.
　　　, 『초록세상 하늘궁궐』, 고요아침, 2016.
　　　, 『쇠기러기 설악을 날다』, 해드림출판사, 2017.
　　　, 『푸득이면 날개가 되는 (이상범 시집)』, 해드림출판사, 2018.
　　　, 『녹차를 들며 (이상범 차시집)』, 해드림출판사, 2019.
　　　, 『보리수의 영가(靈歌) (이상범 시집)』, 해드림출판사, 2021.
132) 이상범의 작품집은 『가을 입문』, 『묵향가에·미닫이가에』, 『아, 지상은 빛나는 소멸』, 『신전의 가을』, 『꿈꾸는 별자리』 등 24여 편이 있다.

권금성 케이블카

줄 하나에 매달린 채

잠시 스친 빛의 섬광

돌아보면 기운 반세기

문득 안긴 가을빛 부처

바람결 더불어 앉히는 바람

당겨보는 소슬한 적멸(寂滅)
- 이상범, 「케이블카에 스친 인연」[133]

강원도 설악산에 있는 '권금성 케이블카'를 작품으로 형상화했다. 이상범 시인은 케이블카에 잠시 스친 가을빛 섬광을 보면서 반세기가 지난 자신의 삶에서 스치고 지나간 인연들을 생각한다. 수많은 인연들과의 만남에서 희로애락이 왜 없었겠는가. 그러나 지금은 모든 욕망이 사라진 적멸의 경지다. 시인의 인생사를 전달하기 위해 줄 하나에 매달린 케이블카가 객관적 상관물로 제시되었다. 가을빛 부처로 제시된 순간의 깨달음으로 인해 반세기 깨닫지 못했던 깨달음을 한순간에 얻게 된다.

재작년 2022년부터 각종 시조 단체에서도 디카시조에 관심을 가지기 시작했다.

강원시조시인협회(회장 김양수)는 2022년 7월부터 '디카시조 문학상'을 규정했으며[134] 2023년 11부터 현재까지 디카단

---

133) 이상범, 『푸득이면 날개가 되는 (이상범 시집)』, 해드림출판사, 2018, 13쪽.

시조 및 디카단장시조 공모전을 실시하고 있다.[135]

디카시조 문학상 규정(강원시조시인협회)

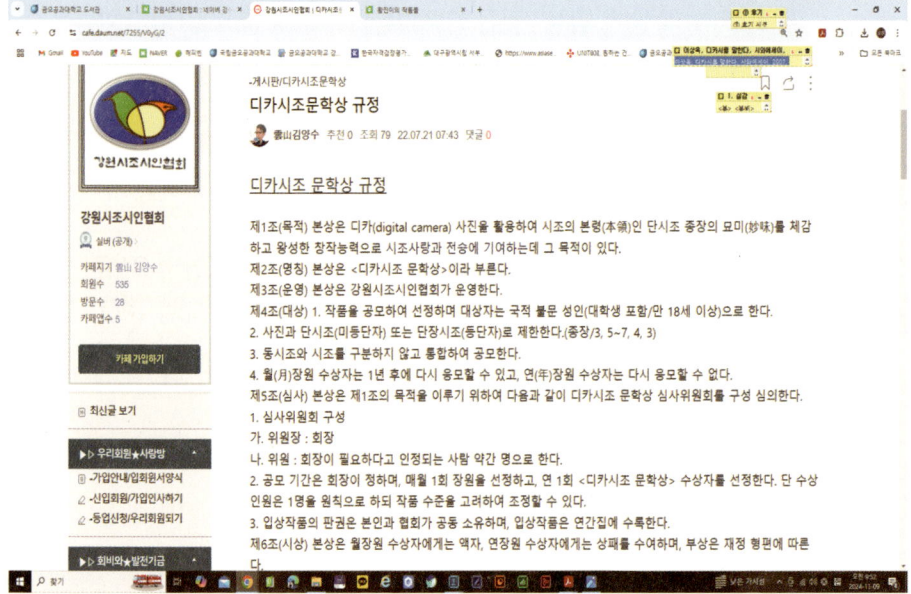

---

134) https://cafe.daum.net/7255/V0yG/2 2024. 11. 06. 검색
135) https://cafe.daum.net/7255/V0yG/104 검색일 2024. 11. 09.

디카 단장시조 문학상 공모

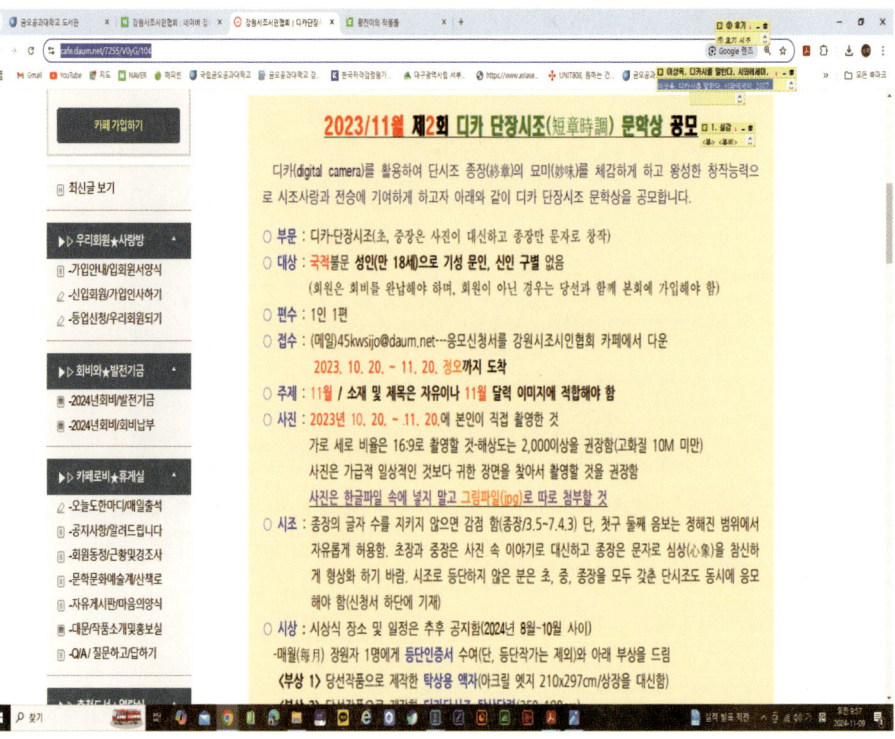

강원시조시인협회에서 실시한 디카단장시조 공모전 입상 작품을 살펴보기로 한다.

– 여경해, 「고니의 봄행진」

작가는 '고니의 봄 행진'을 보며 '택배 기사'를 떠올렸을 것이다. 시조의 초장, 중장, 종장 가운데 종장만 문자화하고 초장, 중장은 사진으로 대체했다.

광주전남시조시인협회에서도 2024년 10월부터 '회원 디카시조' 카페의 문을 열고 디카시조를 창작[136]하고 있으며 디카시조를 접수하고 있다. 또한 전국 초중고교생들을 대상으로 '전국빛고을 학생시조문학제 작품 공모전'을 개최하였으며 공모전입상작 '서유영의 「여름을 읽다」'를 협회 카페에 게시하였다.

회원 디카시조(광주전남시조시인협회)

---

136) https://cafe.daum.net/sijoro/cD6e/1 검색일 2024. 11. 18.

전국빛고을 학생시조문학제 작품 공모전

전국빛고을 학생시조문학제 작품 공모

광주전남시조시인협회에서 주최하고 광주광역시, 광주광역시교육청, 전라남도교육청이 후원하는 제22회 전국학생시조 및 디카시조 공모전을 아래와 같이 개최합니다. 천년 전통 정형시 시조를 사랑하고 백일장에 관심 있는 문학 꿈나무 학생들의 많은 참여 바랍니다.

- **공모요강** – 지면에 발표한 적이 없고, 타 대회 백일장 등의 수상 작품이 아닌 순수 창작 시조
  – 주제, 소재 자유 – 작품 끝에 학교, 학년, 반, 이름, 전화번호, 주소 등을 반드시 기재
- **응모부문** 시조 / 디카시조 ※ 디카시조 응모작품: 사진과 시조를 함께 제출
- **응모편수** 시조 1인 3편 이내 / 디카시조 1인 1편
- **응모자격** 전국 초·중·고교생(18세 미만 학교 밖 청소년 포함)
- **응모기간** 2024년 6월 15일 ~ 8월 15일(도착분)
- **심사 및 수상자 발표** – 별도의 심사위원회를 구성해 심사하고 수상자는 개별 통지
  심사 결과와 상위 입상작품은 『광주전남시조문학』 제22집에 수록함.
  작품 저작권은 창작자에 있으며 광주전남시조시인협회가 임의로 사용할 수 있음
- **시상내역** 대상 _ 초·중·고 각 2명(광주광역시 교육감상, 전라남도 교육감상/ 특별 부상 족자)
  최우수상, 우수상 _ 초·중·고 각각 1명(광주전남시조시인협회장상)
  장려상 _ 초·중·고 각 약간 명(광주전남시조시인협회장상)
  * 수상자에게는 상장과 소정의 도서 상품권을 드림, 디카시조 수상작은 행사 당일 전시함.
  * 수상자는 시상식에 참석하기 바람
- **시상식 일시** 2024년 10월 일(예정)
- **접수처 및 문의**
  시조 soosunha61@hanmail.net(최양숙 시인)
  디카시조 syjroad@hanmail.net(서연정 회장) 협회 카페 게시판 〈디카공모〉 https://cafe.daum.net/sijoro
  문의 010-3618-9054 광주전남시조시인협회
  광주전남시조시인협회(http://cafe.daum.net/sijoro) 〈협회공지〉 게시판 참고

2024 전국빛고을학생시조문학제-디카시조 입상작

위에서 살펴본 바와 같이 강원시조시인협회가 실시하고 있는 '디카단장시조 문학상 공모'를 놓고 논란이 많다. 종장만 있을 경우, 시조가 될 수 없다는 것이다. 초장, 중장의 의미 전달은 사진이 담당하고 있는데도 말이다.

앞에서 논의한 것을 종합해 보면 디카단장시조야말로 디카글쓰기가 가지고 있는 장점을 살리기에 최적화되어 있다고 할 수 있다. 시조의 시상흐름인 기승전결에서 전의 변환축은 시조 종장 첫 음보 3자가 되는 것이다. 앞에서 살펴본 디카시에서 초장, 중장은 날시(신의 창조물)의 '극순간성', '극현장성', '극사실성'을 살리기 위해서는 문자보다는 사진으로 나타내는 것이 효율적이다. 앞에서 살펴보았듯이, 김억은 그의 시론에서 "意味의 詩歌는 表現할 수가 업고 그 呼吸과 鼓動을 늣기는 그 詩人에게만 意味를 理解할 수 잇는 沈默의 詩밧게는 업슬줄 압니다. 言語 쏘는 文字의 形式을 알게되면 詩味의 半分은 업서진 것이오."라고 했으니, 문자로 나타내어 그 의미를 반분하는 것보다는 '극순간성', '극현장성', '극사실성'을 살려 사진으로 나타내는 것이 낫다. 필자가 쓴 멀티단장시조인 「평광동 사과나무를 예로 들어보겠다.

「평광동 사과나무 a」는 '멀티단장시조'이고 「평광동 사과나무 b」 '멀티단시조'이다. 멀티단장시조나 멀티단시조는 디카시나 디카시조처럼 정지된 사진이 아니고 움직이는 동영상이다. 거기다 음향(sound)도 함께 삽입되어 있으므로 '멀티'를 붙였다. 이러한 명칭은 정식 장르로 등록된 것이 아니라 가상으로

멀티단장시조와 멀티단시조의 비교

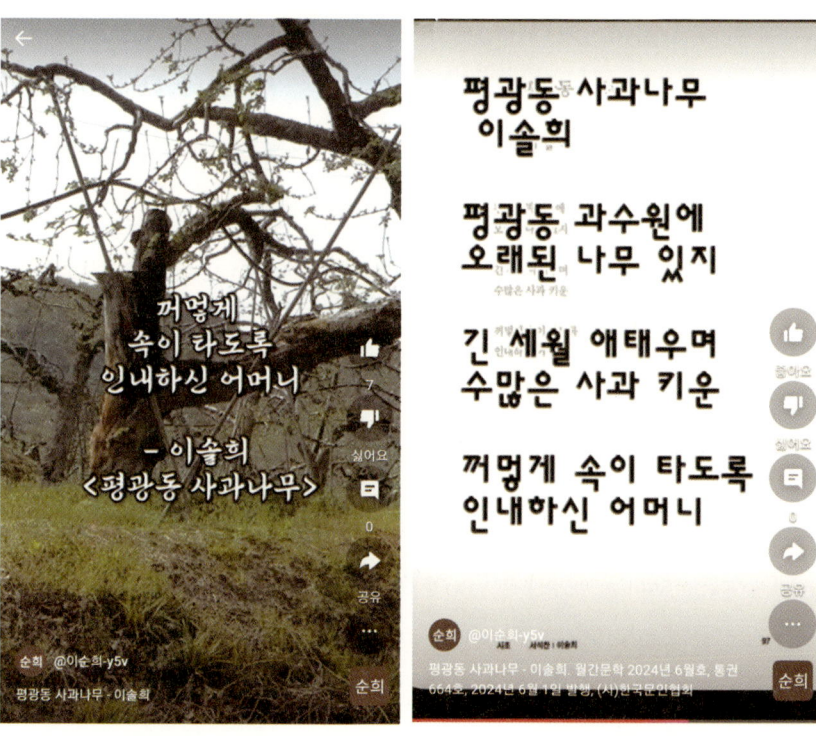

평광동 사과나무 a   평광동 사과나무 b

정해본 이름이다. b에서는 초장, 중장인 날시(신의 창조물)를 문자로 표현하고 있어 느낌이 반감되었다. 그것에 비해 「평광동 사과나무 a」는 초장, 중장은 날시 그대로 두고 종장만 문자화했다. 종장은 시조 전개과정에 기승전결 가운데 '전(轉)의 전환점'을 포함하고 있으며 필자가 상상했던 내용이 드러나는 지점이므로 문자화하여 3행으로 배열하였다. 글자 수는 15자이다.

김영도는 디카시에서 사진의 시각적 특성을 동어 반복적으로 제시할 때 의미 층위에서 긴장감을 줄 수 없다고 말한 바 있다. 그는 "사진의 도상성과 시의 상징성을 어떻게 적절하게 유지하면서 은유적 긴장미를 지속시키느냐"에 디카시의 성패가 달려있다고 보고 있다.[137] 즉, 사진에 나온 내용을 문자로 다시 부연설명할 경우 긴장미가 떨어진다는 것이다.

그리고 디카단장시조는 재미있고 간단하여 작품을 보는 독자는 바로 창작자가 된다. 작품을 보는 순간 자동적으로 상상력이 발동되는 것이다. 아래는 필자가 실험해본 결과이다. 글쓰기 릴레이가 바로 이루어지는 것이다.

따라서 현대시조가 나아가야 할 방향은 시조의 정체성인 간결, 명료, 함축을 살릴 수 있는 디카단시조 쓰기, 디카단장시조 쓰기, 멀티단시조 쓰기, 멀티단장시조 쓰기에 있다고 할

---

137) 김영도, 「사진을 활용한 문학적 글쓰기 연구」, 『교양교육연구』 9, 한국교양교육학회, 2015, 480~481쪽.

글쓰기 릴레이

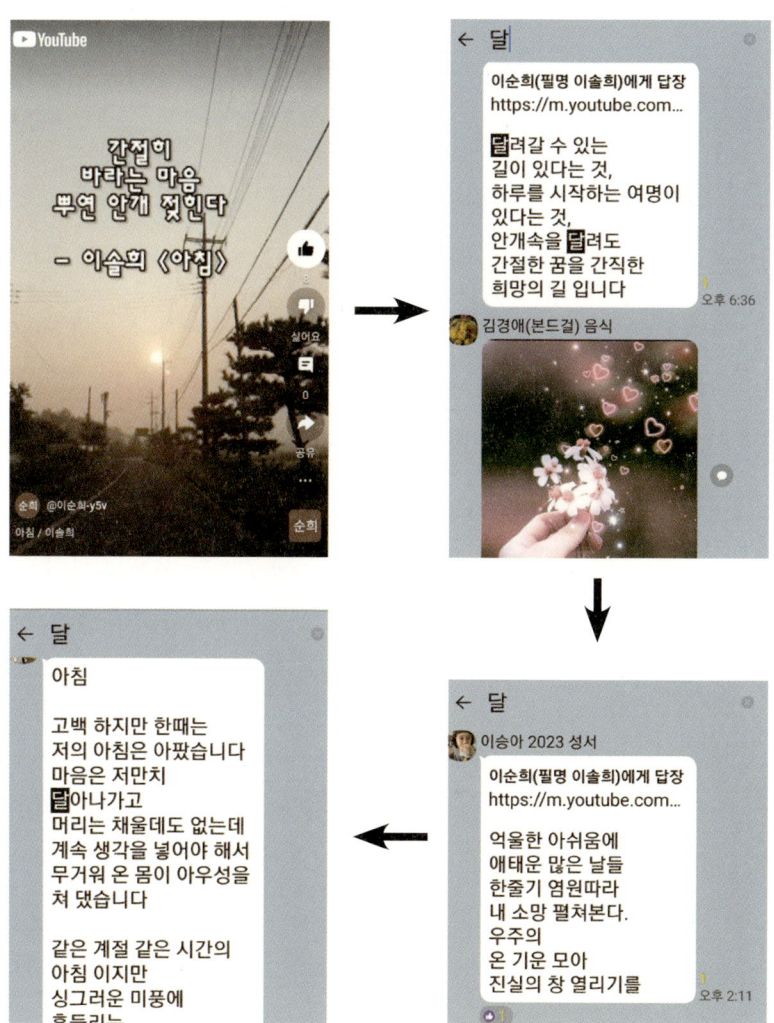

수 있겠다.

필자가 단톡방에 멀티단장시조를 올리면 문자와 영상으로 보고 음악을 듣는 가운데 자연스럽게 떠오르는 상상을 근간으로 빠르게 글을 지어 올린다.

하이퍼텍스트와 멀티미디어가 혼합되면서 디지털 시대 문학은 문학의 영역을 벗어난 새로운 장르로 변화해 갈 수밖에 없다. 하이퍼텍스트 소설을 전개하다가 내용과 인터넷상에서 작품의 내용과 관련되는 수많은 정보들을 하이퍼링크 하게 하고 필요한 경우 텍스트의 한계를 벗어나서 음성과 음향 그리고 정지화상과 동영상들이 결합하게 할 수 있다.[138]

우리 시조도 전 세계로 뻗어나가기 위해서는 일본 장교가 눈길을 걷다 하이쿠를 지을 만큼 일상화되고 재미있어야 한다. 무엇보다 읽으면서 고통스럽지는 않아야 한다. 무엇을 위한 고통인지 알 수 없다.

그런데 시조 3장인 초장, 중장, 종장을 완결하지 않으면 시조가 아니라고 하는 사람들이 있다. 그러나 오늘날에 이르기까지

---

138) 최병우, 앞의 책, 79쪽.

일본의 하이쿠 역시 적지 않은 변화를 겪었다. 즉, 하이쿠는 와카(和歌, わか)와 렌가(連歌, れんが)를 모태로 하여 생성된 시 양식으로, 넓은 관점에서 보면 하이쿠 역시 양식상 중요한 변화의 산물이라 말할 수 있다. 그것도 간소화의 경향을 반영한 양식상 변화의 산물이라고 할 수 있다.[139]

따라서 '3장 6구 12음보 45자'도 지키지 않아 자유시와의 변별성이 모호한 형태를 고수하기보다는 시조의 정체성인 간결성, 명료성, 함축성을 공고히 하면서 시대 변화에 발맞추어 디카단시조, 디카단장시조, 멀디단시조, 멀티단장시조를 시도하는 것도 시절가조(時節歌調)로서 시조가 해야 할 일이라 판단된다.

V. 결론

지금까지 구술문학인 시조가 디지털 시대인 오늘날에 나아

---

139) 장경렬, 앞의 논문, 234쪽.

가야 할 방향을 이영도 시조 문학을 살펴보는 가운데 논의해 보았다. 그 결과 시조의 정체성을 찾고 디지털 시대에 맞는 시조 작법으로 나아가자는 것이다. 이영도 시조 문학의 분석 결과, 시조의 정체성은 간결, 명료, 함축으로 요약할 수 있다.

우리 민족의 정형시인 시조가 문자문학 시대인 근대문학 시대에는 많은 혼란을 겪었다. 그 결과 율격은 해체되었으며 무분별한 언어 과잉으로 자유시와의 경계가 모호해지면서 시조 존재에 대해 회의감을 가지는 지경까지 이르렀다.

그러나 바야흐로 작금에 이르러 문자문학 시대를 지나 디지털문학 시대로 접어들면서 컴퓨터와 인터넷의 발달로 창작 방법과 환경의 변화가 발생하였다. 끝을 모르고 파격으로 치닫던 현대시조는 이제 본령으로 돌아가자는 자성의 목소리를 내기 시작했다.

2000년대 디지털 글쓰기의 일환으로 나타난 것이 디카글쓰기, 멀티글쓰기이다. 디카글쓰기의 하나인 디카시는 미국 시카고와 뉴욕으로, 중국과 미국으로, 그리고 인도로 보급·확산되었으며 국내에서는 지자체 단위로 디카글쓰기 공모전이 한창이다.

현대시조단은 좀 늦은 감은 있지만 2022년부터 강원시조시인협회, 광주전남시조시인협회 등에서 회원 창작은 물론 디카단장시조, 디카단시조 백일장 및 공모전을 개최하고 있다. 현대시조시인인 이상범 시인은 2000년대 초반부터 디카시조 창작을 시작하여 9편의 디카시조집을 발간하였다.

일본의 하이쿠가 그러하듯 글쓰기는 누구나 쉽고, 재미있게 접근할 수 있는 일상적인 글쓰기가 되어야 한다. 우리 시조도 지금은 아니지만, 본래의 모습은 놀이의 일환이었다. 디카글쓰기의 진수도 독자가 창작자가 되는 쉽고 재미있는 글쓰기에 있으므로 시조가 지닌 본래의 의미를 내포하고 있다고 볼 수 있다.

디카글쓰기는 많은 문자를 필요로 하지 않는다. 사진이나 동영상 그리고 음향이 많은 부분을 담당하고 있기 때문이다. 이런 점에서 디카글쓰기는 간결성과 명료성 그리고 함축성을 추구하는 현대시조에 있어 최적의 글쓰기 방법이라 할 수 있다.

 참고 문헌

1. 기본 자료

___이영도, 시조집『청저집』, 문예사, 1954.
___이영도, 시조집『석류』, 중앙출판공사, 1968.
___이영도, 시조집『언약』, 중앙출판공사, 1976.
___(사)국제시조협회,『이영도 육필시조집 -2016, 청도국제시조대회 특별기획』, 2016.
___이영도, 수필집『춘근집』, 청구출판사, 1958.
___이영도, 수필집『비둘기 내리는 뜨락』, 미조사, 1966.
___이영도, 수필집『머나먼 사념의 길목』, 중앙출판공사, 1971.
___이영도, 수필집『나의 그리움은 오직 푸르고 깊은 것』, 중앙출판공사, 1976.
___이영도, 대표에세이『그리운 이 있어 내 마음 밝아라』, 문학세계사, 1986

2. 논문 및 단행본

___강정구,「디카시의 장르적 특성 고찰」,『우리문학연구』 69, 우리문학연구, 2021.

___고금희,「이영도 시조의 회화성 연구 : 색채 이미지를 중심으로」, 한국교원대학교 대학원 석사학위 논문, 2001.

___고인자,「이영도 時調 硏究」, 誠信女子大學校 대학원 석사학위 논문, 1990.

___구태헌,「주코프스키의 '객관주의'시학연구」,『영미문학연구』 11, 영미문학회, 2006.

___구태헌,「김춘수의 시론과 영미 모더니즘 시론의 비교」,『우리문학연구』 30, 우리문학회, 2010.

___권민영,「시 창작 교육에서 객관적 상관물을 활용한 정서 표현 지도 방법 연구」, 서울교육대학교 교육전문대학원 석사학위, 2019.

___권성훈,「현대 여성 시조의 여성성 연구」,『시조학논총』 49, 한국시조학회, 2018.

___권성훈,「현대시조 전후 세대의 불교성 연구」,『시조학논

총』 56, 한국시조학회, 2022.

___권성훈, 「현대시조의 놀이적 성격과 치유적 기능」, 『시조학논총』 58, 한국시조학회, 2023.

___김남규, 「3행시 혹은 현대시조, 차이와 반복」, 『2024 대구시조시인협회 학술 세미나』, 2024.

___김남규, 「'여성적' 시조와 '현대적' 시조를 모색한 이영도」, 『서정시학』 26, 계간 서정시학, 2016.

___「한국 현대시조에 나타난 종교성 - 이영도를 중심으로」, 『시조학논총』 55, 한국시조학회, 2021.

___김남규, 「해방기 현대시조 존재 양상 연구 ―「죽순」 동인지를 중심으로」, 『시조학논총』 58, 한국시조학회, 2023.

___김복숙, 「이영도 시조 연구」, 금오공과대학교 교육대학원 석사학위 논문, 2005.

___김수이, 「이영도 문학에 형상화된 '목숨(생명)'의 기원과 의미」, 『한국시학연구』, 한국시학회, 2016.

___김신명, 「T.S. Eliot의 초기 시에서의 모더니즘」, 전남대학교 교육대학원 석사학위, 1997.

___김억, 『태서문예신보』 14, 1919. 1. 13.; 박경수 편, 『안서

김억전집 5―문예비평론집』, 한국문화사, 1987.

＿＿김영도, 「사진을 활용한 문학적 글쓰기 연구」, 『교양교육연구』 9, 한국교양교육학회, 2015.

＿＿김은아, 「이영도 시조 연구」, 경남대학교 교육대학원 석사학위 논문, 1996.

＿＿김순금, 「이영도 시조 연구 : 恨을 중심으로」, 중부대학교 인문사회과학대학원 석사학위 논문, 2003.

＿＿김종회, 「현대시의 새로운 장르, 디카시―미답의 지평과 정체성」, 문학의 거울과 저울, 민음사, 2016.

＿＿김종회, 「경남 고성에서, 미국 시카고·뉴욕으로」, 『디카시』 26, 한국디카시연구소, 2018.

＿＿김준오, 『시론』, 문장사, 1982, 105쪽

＿＿김해서, 『여성과 문학』, 대광문화사, 1985

＿＿노춘기, 「이영도 시조의 역사의식 연구」, 『우리文學硏究』, 우리문학회, 2021.

＿＿마혜경, 「이영도 시조의 서정성 연구」, 『한국문화기술』 30, 단국대학교 한국문화기술연구소, 2021.

＿＿박인기 외, 『디지털 시대, 문학의 길』, 푸른 사상, 2007.

___배경희,「이영도 시조의 이미지 연구」, 경기대학교 한류문화대학원 석사학위 논문, 2021.

___백승수,「이영도 時調의 中心空間的 記號體系 硏究 : 시조집「石榴」를 중심으로」,《국어국문학》12, 동아대학교 국어국문학과, 1993.

___서원섭,「평시조의 형식연구」,《어문학》36, 한국어문학회, 1977

___신미경,「이영도 시조의 주제별 분석」,『청람어문교육』2, 청람어문학회, 1989.

___신용대,「이호우 시조의 연구」, 고려대학교 교육대학원 석사학위논문, 1977

___신현필,「이영도 詩調 硏究」, 한국교원대학교 대학원 석사학위 논문, 1997.

___송희복,『시 교육의 이론적 성찰과 수업의 실제』, 진주교육대학교, 2004

___양점숙,「이호우와 이영도 시조의 상호 의미작용」,『시조학논총』59, 한국시조학회, 2023.

___오승희,「정운 이영도 시조의 공간 연구」,『동남어문논

_____집』3, 동남어문학회, 1993.

_____오승희, 「이영도 시조의 공간 연구」, 『한국어문교육』 13, 한국교원대학교 한국어문교육연구소, 2004.

_____오승희, 「現代時調의 空間研究」, 東亞大學校 대학원 박사학위 논문, 1992.

_____유동순, 「영도 시조의 생명성 연구 : 에코페미니즘적 관점을 중심으로」, 경기대학교 일반대학원 석사학위 논문, 2011.

_____유성호, 「이영도 시조의 현재성」, 『한국언어문화』 0, 한국언어문화학회, 2019.

_____유지화, 「이영도 시조 연구」, 『시조학논총』 42, 한국시조학회, 2015.

_____유치환 저/ 최계락 엮음, 유치환 서간집 『사랑하였으므로 행복하였네라』, 중앙출판공사, 1967.

_____윤광민, 「고시조에 나타난 꽃 연구」, 성심여대 대학원 석사학위논문, 1986

_____이광수, 「시조의 자연율 4」, 《동아일보》, 1928. 11. 5.

_____이병한 편저, 『중국 고전 시학의 이해』, 문학과 지성사,

1992

___이상범,『꽃에게 바치다 (이상범 시집)』, 토방, 2007.

___이상범,『풀꽃시경 (이상범 시집)』, 동학사, 2011.

___이상범,『햇살시경 (이상범 시집)』, 동학사, 2012.

___이상범,『하늘색 점등인 (이상범 시집)』, 고요아침, 2014.

___이상범,『초록세상 하늘궁궐』, 고요아침, 2016.

___이상범,『쇠기러기 설악을 날다』, 해드림출판사, 2017.

___이상범,『푸득이면 날개가 되는 (이상범 시집)』, 해드림출판사, 2018.

___이상범,『녹차를 들며 (이상범 차시집)』, 해드림출판사, 2019.

___이상범,『보리수의 영가(靈歌) (이상범 시집)』, 해드림출판사, 2021.

___이상섭,『문학비평용어사전』, 민음사, 1976.

___이상옥,『디카시를 말한다』, 시와에세이, 2007.

___이상옥,「멀티포엠과 디카시(詩)의 전략」,『한국문예비평연구』제35집, 한국현대문예비평학회, 2011, pp.88-89.

___이상옥,「디카시 고성에서 한국을 넘어 중국 대륙과 미국

으로」,『장산숲』, 도서출판디카시, 2018.

___이성모,「디카시에 관한 管見」,『서정시학』27, 계간 서정시학, 2017.

___이송희,「영·호남 시조문학의 전개 양상 - 현대시조를 중심으로 -」,『嶺南學』0, 경북대학교 영남문화연구원, 2017.

___이순희,「한국 근대시조의 이미지 연구」, 경북대학교 대학원 박사학위 논문, 2015.

___이숙례,「이영도 시조 연구」,『어문학교육』24, 한국어문교육학회, 2002.

___이숙례,「이영도 시조의 특성 연구」,『어문학교육』28, 한국어문교육학회, 2004.

___이숙례,「이영도 시조 연구」, 부산교육대학교 교육대학원 석사학위 논문, 2002.

___이숙례,「한국 여성시조의 변모양상 연구」, 동의대학교 대학원 박사학위 논문, 2007.

___이영지,「李永道 時調와 黃眞伊時調의 유사성과 상이성」,『새국어교육』46, 한국국어교육학회, 1990.

____이점성, 「이영도 시조 연구」, 건국대학교 교육대학원 석사학위 논문, 1997.

____이창배, 「자기부정의 비평가 T.S.엘리어트 : 엘리어트 비평 개관소고」, 『T.S.엘리어트 연구』 17(1), 한국T.S.엘리어트학회, 2007.

____이현승, 「교양교육의 문제와 시 교육의 가치」, 『한민족문화연구』 49, 한민족문화학회, 2015.

____이현정, 「교양교육에서 객관적 상관물을 활용한 시 텍스트 연구 - 김수영 시를 중심으로」, 『한국문학과 예술』 47, 한국문학과예술연구소, 2023.09.

____이희승, 『중국고전 시학의 이해』, 집문당, 2004.

____임종찬, 「의미연결에서 본 丁芸 이영도 時調 연구」, 『時調學論叢』 28, 한국시조학회, 2008.

____임지연, 「이영도 문학의 공적 욕망 구조」, 『여성문학연구』 23, 한국여성문학학회, 2010.

____장경렬, 「'확대 지향'의 시 형식과 '축소 지향'의 시 형식 : 시조와 하이쿠의 형식상 특성에 대한 하나의 비교 분석」, 『일본비평』 14, 서울대학교 일본연구소, 2016. 02. 228

쪽

___전학성,「디지털 시대에서 멀티미디어란?」,『액션러닝 코칭북』, 2013.

___정미혜,「김춘수 시의 식물 이미지 연구」,『어문학교육 어문학교육』 17, 한국어문교육학회, 995.05.

___정병욱,「한국고전시가론」, 신구문화사, 1985.

___조동화,「이영도 시조, 그 사상(思想)의 발자취」,『향토문학연구』 12, 향토문학연구회, 2009.

___조춘희,「전후 현대시조의 현실인식 연구 - 이호우, 이영도를 중심으로 -」,『배달말』 57, 배달말학회, 2015.

___조현경,『사랑은 시(詩)보다 아름다웠다』, 영학출판사, 1984

___차준식,「T.S. Eliot의 "객관적 상관물 연구"」, 충북대학교 교육대학원 석사학위, 2003.

___최계락 엮음,『유치환 서간집 사랑했으므로 행복하였네라』, 중앙출판공사, 1967.

___최나영,「로렌스의 형이상학적 기상: 엘리어트의 로렌스 비평 다시 보기」,『D.H.로렌스 연구』 23(1), 한국로렌스학

회, 2015.

___최병우,「디지털 시대 문학의 생산」,『디지털 시대, 문학의 길』, 푸른사상, 2007,

___최정화,「대학생들의 자아 중심적 행복관에 대한 로고테라피적 접근」,『인문학연구』 51호, 조선대학교인문학연구원, 2016.

___한정호,「시조시인 이영도의 삶과 문학」,『한국지역문학연구』 5, 한국지역문학회, 2016.

___한정호,「이영도의 결핵문학 연구」,『한국어문학연구소 학술지 어문논총』, 전남대학교 한국어문학연구소, 2018.

___한철우 외,『문학』, 비상교육, 2015.

___허정자,「엘리어트의 객관적 상관물 이론: 이론과 실제」, 한국외국어대학교 대학원, 박사학위, 1998.

___홍은택,「오래된 미래, 인도에 디카시를 전하다」,『디카시』 32, 한국디카시연구소, 2019.

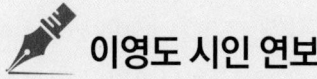 **이영도 시인 연보**

■ 시조집
- 청저집, 문예사, 1954년.
- 석류, 중앙출판공사, 1968년. (오빠 이호우와 함께 낸 바람이 불고 비가 옵니다. 석류편

■ 수필집
- 춘근집, 청구출판사, 1958년.
- 비둘기 내리는 뜨락, 민조사, 1966년.
- 머나먼 사념의 길목, 중앙출판공사, 1971년.

■ 유고집
- 언약, 중앙출판공사, 1976년.
- 나의 그리움은 오직 푸르고 깊은 것, 1976년

■ **이영도의 생애 고찰**
- 1916년 10월 22일(1세) : 경북 청도군 청도읍 내호길 56. (내호리 259)에서 아버지 이종수와 어머니 구봉래 사이에서 3남 2녀 중 차녀로 태어났다.

- 1924년(9세) : 밀양보통학교 입학
- 1929년(14세) : "광주학생사건 이후, 할아버지의 뜻을 받들어 오빠와 나는 고향에서 현창식 선생님을 모시고 그분의 가르침을 받은 한 시절이 있었다. 우국정신에 투철하셨던 그 분이 우리 남매에게 주셨던 교훈은 「자기를 알라」였었다.
  1. 나는 누구인가?
  2. 내가 선 땅은 어디인가?
  3. 나는 무엇을 할 것인가?"
- 1935년(20세) : 대구시 인교동 거주 박기수와 결혼
- 1936년 9월 12일(21세) : 혼인 신고
- 1936년 10월 10일(21세) : 딸 박진아 출생
- 1945년 8월 15일(30세) : 직전 만주 여행
- 1945년 8월 10일(30세) : 남편 박기수 작고
  작고 후 초등학교 교사 자격을 취득하여 대구 서부국민학교에서 근무 중, 학교 역사 교사 자격을 취득했다.

- 1945년(30세): 통영여중 교사

- 1946년 5월 1일(31세) : 《죽순》 창간호에 「제야」 발표로 등단
- 1949년 05월(34세) : 마산 교통 요양원 입원 "내가 그리스도를 내 인생에 지존의 스승으로 모시고 그분의 걸음을 따르는 생애를 결심한 것도 그 조용한 요양원 병실에서 마련된 것이었다."
- 1949년 6월(34세) : "아무도 찾아올 리 없는 이런 밤에 나는 개구리에게 한결 더한 고독을 배우고 누운 병실을 '청와헌(靑蛙軒)'이라 이름 붙여 본다."
- 1950년 06월 24일(35세) : 요양원 퇴원
- 1953년(38세) : 부산 남성여자중고등학교 교사 취임
- 1953년 7월(38세) : "수연정기(水然亭記) – 이렇게 방 안에 앉았어도 눈만 들면 일목요연하게 수평의 애달픔이 한눈에 들어오는 실호(室號)를 나는 수연정(水然亭)이라 부르기로 했다." (복병산 중허리 N여학교 한 모퉁이)
- 1953년 10월(38세) : 마산으로 옮겨옴/ 학교 사택
- "새벽을 알리는 먼 닭 울음이 하 애틋하여 당호를 '계명암'이라 붙였다."

- 1954년 1월(39세) : 시조집『청저집』발간

- 1956년(41세) : P일보 객원기자 추대, 문화부 가정란 담당, 부산여자대학 강사 취임
- 1958년 11월 25일(43세) : 수필집『춘근집』청구출판사. 제자 김상옥 장정 천경자
- 1964년(49세) : 부산어린이집 관장 취임
- 1966년(51세) : 가을 판문점 방문단으로 휴전선을 다녀옴
- 1966년10월(51세) : 수필집『비둘기 내리는 뜨락』발간
- 1966년(51세) 제8회 눌원문학상 수상
- 1967년 9월(52세) : 부산에서 서울 마포구 하수동 95-10으로 거처를 옮김

- 유치환 교통사고로 사망(1908년생, 60세)

- 1968년 4월(53세) : 마포구 하수동 95의 2에 이사

- 1968년 2월(53세) : 시조집『석류』발간

- 1969년(54세) : 정운 문학상 제정
- 1970년(55세) : 마포구 서교동 438의 7호 신축 이주
- 1971년 4월(56세) : 수필집 『머나먼 사념의 길목에서』 발간
- 1974년(59세) : 중앙대학교 예술대학 강사 취임
- 1975년(60세) : 한국시조작가협회 부회장, 한국여류문학인회 부회장
- 1976년 3월 6일(61세) : 12시 5분경 뇌일혈로 작고
- 1976년 3월 9일(61세) : 경남 밀양군 상동면의 친정 선영에 묻힘